그건

그런 뜻이

아니에요

일러두기

• 본문에 인용한 성경 구절은 대한성서공회에서 펴낸 개역개정판을 따랐습니다. 다른 번역
본을 사용할 경우 따로 표기하였습니다.

• 성경 원문을 글쓴이가 직접 번역하여 인용한 경우 이를 밝혔으며, 신약 원전은 *Novum
Testamentum Graece* (Nestle-Aland 28th Edition)를, 구약 원전은 *Biblia Hebraica
Stuttgartensia* (4th Edition)를 사용하였습니다.

• 이 책은 '제1차 바이블 스콜레 연구 기금'(2023년)을 지원받아 집필했습니다.

그건

오경준 지음

그런 뜻이

아니에요

: 참뜻을 찾아가는 질문하는 성경 읽기

비전북

하나님은 그분의 뜻을 인간의 글에 담아 주셨습니다. 덕분에 우리는 글로 쓰인 성경을 통해 하늘의 진리를 알게 되었습니다. 하지만 여기에는 위험성도 내포됩니다. 성경을 제대로 못 읽으면 하나님의 뜻이 왜곡되기 때문입니다. 그릇된 성경해석은 신앙의 근간을 흔듭니다. 수많은 이단이 이로 인해 생겨났고, 기독교를 향한 세상의 손가락질도 우리의 불성실한 성경 읽기의 결과입니다. 그들이 보기에도 교회가 하나님의 뜻에서 어긋나 보이기 때문입니다.

결국 기독교의 모든 문제는 그릇된 성경 읽기에서 나왔다 해도 과언이 아닙니다. 그러니 회복할 방법은 하나뿐입니다. 다시 겸허하고 진지하게 성경 읽기를 시작하는 것입니다. 마음에 드는 문구를 고르며 앞뒤 문맥을 무시하거나 선입견과 편견으로 뜻을 속단해서는 안 됩니다. 청중의 요구에 부합하려고 의미를 비틀거나 훼손해서도 안 됩니다. 그 모두는 진리의 강에 독을 푸는 행위이고 하나님은 후에 이를 낱낱이 추궁하실 것입니다. 오직 하나님이 말씀 속에 의도하신 본뜻에 집중하는 성경 읽기로 돌아가야 합니다.

이 책은 이런 위기의식 속에서 쓰였습니다. 첫째 목표는 그동안 왜곡되어 알려진 성경 본문의 의미를 밝혀 바른 뜻을 되찾는 것입니다. 둘째는 이를 통해 교회가 경각심을 갖고 설교자와 성도들이 더욱 진지하게 성경을 읽도록 하는 것입니다. 셋째는 말씀에 대한 흥미와 호기심을 고취시키려는 것입니다. 성경에 새로울 것이 뭐가 있냐고 말하는 교인들이 있습니다. 이런 생각들이 구태의연하고 바리새적인 신앙 행태를 만듭니다. 진리의 바다에 탐험할 곳이 무궁무진함을 아는 성도는 늘 기대에 차서 겸허한 신앙생활을 영위하게 됩니다.

결국 궁극의 목표는 교회의 관심과 지향점을 오직 성경으로 향하게 하는 것입니다. 성공 스토리와 복받은 간증에 쏠린 교회의 시각이 이 책을 통해 다시 성경으로 향하게 된다면 글쓴이로서 바랄 것이 없겠습니다. 참된 신앙은 성경적인 신앙이고 그 신앙이 회복될 때 비로소 교회가 교회 되기 때문입니다.

이 책의 원고는 제가 운영하는 유튜브 채널 〈바이블 스콜레〉 구독자를 중심으로 조성된 '제1차 바이블 스콜레 연구 기금'(2023년)의 지원으로 완성할 수 있었습니다. 기금 모금에 참여해 주신 분들과 평소 〈바이블 스콜레〉를 사랑하며 도우시는 모든 분들께 진심으로 감사를 드립니다. 또한 책의 기획과 편집에 수고해 주신 옥명호, 이현주 두 분께도 감사드립니다. 두 분의 손을 통해 이 책이 나온 것은 20년 전에 시작하신 하나님의 섭리를 다시 목격하는 기적체험입니다.

2024년 3월
Sola Scriptura
오경준

1부   신약 편: 껍데기를 깨고 참뜻으로

믿는 자의 뱀 집기

믿는 자는 뱀에게 물려도 안 죽을까

> 믿는 자들에게는 이런 표적이 따르리니 곧 그들이 내 이름으로
> 귀신을 쫓아내며 새 방언을 말하며 뱀을 집어 올리며 무슨 독을
> 마실지라도 해를 받지 아니하며 병든 사람에게 손을 얹은즉 나
> 으리라 하시더라. 마가복음 16:17-18

미국에는 '스네이크 핸들링 처치'라는 교단이 있다. 말 그대로 뱀을
손에 들거나 몸에 감고 예배드리는 교단이다. 방울뱀 같은 위험한
독사들이 예배 시간에 수십 마리씩 사용된다. 아직도 교단이 유지되
므로 별문제 없다고 생각하면 오산이다. 많은 사람이 예배 시간에
뱀한테 물려 죽었고 그중에는 그 교단의 목사들도 있다. 이러한 영
향으로 테네시와 앨라배마 지역에는 뱀을 들고 예배드리는 것을 아
예 금지하는 법까지 생겼다. 하지만 약한 벌금만 내면 되기 때문에
이 해괴한 예배는 지금도 계속되고 있다.

　도대체 왜 이런 예배를 드리는 것일까? 이유는 엉뚱하게도 성경
적이다. 마가복음 16장 17-18절에 "믿는 자들에게는 이런 표적이
따르리니 … 뱀을 집어 올리며"라는 내용에 근거를 둔다. 그러면 이

교회 사람들은 말씀을 잘 믿는 것일까? 표면적으로는 그렇다. 말씀을 철저히 믿으니 저런 위험을 감수하는 것 아닌가. 그래도 이상하다. 말씀을 그렇게 적용해서는 안 될 것 같다. 하지만 성경에 이런 구절이 나오는 것도 분명하니 이를 어떻게 이해해야 할까?

그래서 여러 가지 설명이 뒤따른다. 대표적인 것이 하나님을 시험해서는 안 된다는 설명이다. 맞는 말이다. 뱀을 집어 올려도 괜찮다고 마음대로 집어 들면 하나님의 반응을 시험하는 행위다. 나아가 하나님을 자기 마음대로 부리려는 교만이다. 그래도 좀 찜찜하다. 애초에 그런 능력을 달라고 한 것도 아닌데 본인이 주신다 하셔 놓고 '하지만 진짜로 시도하지는 마' 뭐 그런 느낌이다.

그래서 이 구절을 상징적으로 푸는 사람도 있다. 뱀이나 독이 현대인의 스트레스나 트라우마 같은 거라고 말이다. 믿는 자에게는 그걸 다스릴 능력이 주어진다고 해석한다. 이 역시 찜찜하다. 그런 식이면 뱀과 독에다 아무거나 갖다 적용할 수 있는데 과연 이 말씀이 그런 뜻일까? 그럼 진짜 뱀과 진짜 독은 본문과 아무 상관이 없는가? 눈 가리고 아웅 하는 것처럼 보인다.

이처럼 이 구절에 대한 설명은 뭘 시도해도 만족스럽지 못하다. 예수님의 긍정적인 선물에 대한 답이 늘 부정적이다. '표적이 따른다'고 하셨는데 안 따르는 이유만 열심히 설명한다. 도대체 이것을 어떻게 풀어야 할까? 결론부터 밝히면 풀고 자시고 할 것도 없다. 해답은 엉뚱한 곳에 있다. 각 구절의 주어를 혼동해서 나온 결과다. 이해를 돕기 위해 앞뒤 내용을 꼼꼼히 확인하며 짚어 보자.

11 그들은 예수께서 살아나셨다는 것과 마리아에게 보이셨다는 것을 듣고도 **믿지 아니하니라.** **12** 그 후에 그들 중 두 사람 …에게 나타나시니 **13** 두 사람이 가서 남은 제자들에게 알리었으되 **역시 믿지 아니하니라.** **14** 그 후에 열한 제자가 음식 먹을 때에 예수께서 그들에게 나타나사 **그들의 믿음 없는 것과 마음이 완악한 것을 꾸짖으시니** 이는 자기가 살아난 것을 본 자들의 말을 **믿지 아니함일러라.** **15** 또 이르시되 너희는 온 천하에 다니며 만민에게 복음을 전파하라. **16** 믿고 세례를 받는 사람은 구원을 얻을 것이요 믿지 않는 사람은 정죄를 받으리라. **17 믿는 자들에게는 이런 표적이 따르리니** 곧 그들이 내 이름으로 귀신을 쫓아내며 새 방언을 말하며 **18** 뱀을 집어 올리며 무슨 독을 마실지라도 해를 받지 아니하며 병든 사람에게 손을 얹은즉 나으리라 하시더라. **19** 주 예수께서 말씀을 마치신 후에 하늘로 올려지사 하나님 우편에 앉으시니라. **20 제자들이 나가 두루 전파할새 주께서 함께 역사하사 그 따르는 표적으로 말씀을 확실히 증언하시니라**(막 16:11-20).

우리의 목표는 17절의 "믿는 자들"의 정체를 밝히는 것이다. 지금껏 우리는 이들을 16절에 나오는 "믿고 세례를 받는 사람"이라고 생각해 왔다. 그래서 오해가 생긴 것이다. 이 둘은 문법적으로 연결이 안 된다. 개역개정성경이 잘 번역했는데 17절의 "믿는 자들"은 복수다. 하지만 16절의 "믿고 세례를 받는 사람"은 단수다. 심지어 그와 쌍을 이루는 "믿지 않는 사람"도 단수고 이들의 근원이 되는 15절의 "만민"도 단수다('만민'의 원문 직역은 '모든 피조물'이다). 그러니까 이 셋은 한 틀에 담긴다. 하지만 17절의 "믿는 자들"은 복수로서 이들과 동떨어져 있다.

그러면 구체적인 내용으로 들어가 보자. 15절에는 예수님의 복음 전파 명령이 나온다. "또 이르시되"라고 시작하는데, 원문을 직역하면 "또 그가 '그들에게' 이르시되"다. 이 "그들"(복수)이 명령을 받는 존재다. 이들은 당연히 14절의 "열한 제자"다. 그런데 제자들에게는 중요한 특징 하나가 있다. 그들이 부활의 주님을 지독하게 '믿지 않았다'는 것이다. 이 사실은 이미 두 번이나 반복되었고(11, 13절), 마침내 예수님이 나타나셔서 그들의 믿음 없는 것과 마음이 완악한 것을 꾸짖으셨다(14절). 그 이유는 역시, '믿지 않았기 때문'(14절)이다. 이처럼 마가복음은 열한 제자가 믿지 않는 상태에 있다고 네 번이나 고발한다.

이런 상황에서 예수님은 제자들에게 "너희는 온 천하를 다니며 만민에게 복음을 전파하라"(15절)는 '명령'과 "믿고 세례를 받는 사람은 구원을 얻을 것이요 믿지 않는 사람은 정죄를 받으리라"(16절)는 '약속'을 주셨다. 하지만 주님의 마음은 편치 않으셨다. 이 명령을 수행할 제자들이 믿음 없는 상태였기 때문이다. 비록 당장은 부활하신 주님을 만났으니 좀 회복됐을 것이다. 하지만 잠시 후 예수님이 '하늘로 올려지신 후'(19절)에는 또다시 불신의 상태로 돌아갈 확률이 높다. 마가복음에는 제자들의 이런 어리석은 모습이 무수히 반복된다(막 4:40, 6:52, 8:33, 9:32 등).

그래서 예수님은 한 가지 약속을 더 하셨다. 주님의 말씀을 믿고 나아가면 그 길에 표적이 따를 것이라는 약속이다. 그래서 주어진 것이 바로 '뱀 집기'를 포함한 다섯 가지 표적이다(17-18절). 따라서 이 표적을 받을 "믿는 자들"은 바로 '열한 제자'다. 너희 열한 제자가 그토록 믿지 않았지만 이제라도 내 명령을 믿고 나아가면 "믿는 자들에게는 이런 표적이 따"른다(막 16:17)는 말씀이다. 따라서 뱀을 집어 올리고 독을 마셔도 해를 받지 않는 것은 일반 성도들이 아니라 예수님의 '열한 제자' 곧 사도들이다.

이것은 마지막 구절에서 명확히 입증된다. "제자들이 나가 두루 전파할새 주께서 함께 역사하사 그 **따르는 표적**으로 말씀을 확실히 증언하시니라"(막 16:20). 제자들이 나가서 두루 전파한 것은 그들이 마침내 예수님의 말씀을 '믿었다'는 뜻이다. 그러자 믿는 이 제자들에게 약속하신 '표적'이 비로소 뒤따랐다.

이 '따르는 표적'을 성경은 '주께서 말씀을 확실히 증언하신 것'이라고 말한다. 그러므로 이 '주께서 증언하신 말씀'은 바로 '믿는 자들에게는 이런 표적이 따른다'는 약속이다. 제자들이 믿고 나아갔을 때 표적이 뒤따름으로 예수님의 약속이 증명되었다는 뜻이다. '증언하다'로 번역된 헬라어 '베바이오오'는 "확실히 증명하다"라는 뜻이다.

이상의 설명을 바탕으로 위에 인용한 본문에서 강조한 부분만 다시 읽어 보라. 본문의 진짜 뜻이 보일 것이다.

그렇다면 제자들에게 진짜 표적이 따랐을까? 물론이다. 그 구체적인 이야기가 사도행전에 펼쳐진다. 사도행전에서 사도들은 새 방언을 말하고 귀신을 쫓아내고 병자를 치료하며 종횡무진 세상을 누빈다. 이 '새 방언'은 실제 외국어 방언으로, 당시 사람들이 "우리 각 사람이 난 곳 방언으로 듣게 되는 것이 어찌 됨이냐"(행 2:8) 하며 기접하는 장면도 나온다. '뱀을 집어 올리는' 표적도 당연히 있다. 바울이 유라굴로 태풍으로 멜리데섬에 표류했을 때 "독사가 나와 그 손을 물고" 있었지만(행 28:3) 바울이 "그 짐승을 불에 떨어 버리매 조금도 상함이 없더라"(행 28:5)는 증언으로 이어진다.

다시 말하지만 마가복음 16장 17-18절에 나오는 표적들은 일반인이 아니라 사도들을 위한 것이다. 그러니까 아무나 함부로 뱀을 집으면 안 된다. 더 명확한 증거가 있다. 바울은 고린도 교회에게 이렇게 말한다. "내가 아무것도 아니나 지극히 크다는 사도들보다 조금도 부족하지 아니하니라"(고후 12:11). 고린도 교회는 바울의 마음을 많이 아프게 했다. 그들은 비판자들의 말만 듣고 바울을 의심하였다. 정식 사도 출신이 아니어서 자격이 부족하다는 것이다. 그래서 바울은 자신을 옹호하려고 낯간지러운 말을 하는 것이다. '내가 다른 사도들보다 조금도 부족하지 않다'고 말이다.

그때 그가 내세운 증거는 다음과 같다. 원문을 살려 번역하면 이렇다. "진실로 나를 통해 '사도의 표적'이 모든 참음과 표적들과 기사들과 능력들 안에서 여러분 가운데 나타났다"(고후 12:12). 개역개정성경이 "사도의 표"라고 번역했을 때 이 '표'는 마가복음 16장 17절의 "표적"과 같은 헬라어인 '세메이온'이다.

바울은 자신이 사도라는 증거로서 '사도의 표적'이 나타났다고 주장한다. 이것은 당시 사도에게만 주어진 특별한 표적들이 있었다는 증거다. 그것이 무엇이겠는가? 곧 마가복음에서 약속하신 다섯 가지 표적이다(막 16:17-18). 이 표적들이 바울을 통해서 나타났고 그래서 그도 역시 사도인 것이다.

결국 마가복음 16장에 나온 '믿는 자들의 표적'은 당시 사도들에게 주어진 '사도의 표적'이다. 일반 성도들에게 해당되는 것이 아니다. 그러면 혹자는 말할 것이다. "지금 이 시대에는 하나님의 표적이 사라진 것이냐?"고. 물론 아니다. 하나님이 원하시면 그때나 지금이나 표적을 주실 수 있고 또 주시는 중이다. 주님은 어제나 오늘이나 동일하신 분이기 때문이다. 하지만 지금 논란 중인 마가복음 16장 17-18절의 표적들은 당시 사도들에게만 주신 것이다. 그러니 우리는 함부로 뱀을 집어 들면 절대 안 된다.

제자들의 즉시 순종

제자들은 즉시 예수님을 따랐을까

> 그들이 곧 그물을 버려두고 예수를 따르니라. … 그들이 곧 배와
> 아버지를 버려두고 예수를 따르니라. 마태복음 4:20, 22

예수님의 제자 중 어부 출신 네 사람은 그분의 부르심을 받았을 때
즉시 따랐다. 마태와 마가 모두 이 장면에 "곧"을 붙인다. 자체 스토
리상 예수님은 아직 세상에 알려지기 전이었다. 그런데도 베드로와
안드레는 그물을, 야고보와 요한은 배와 아버지를 버려두고 즉시 따
랐다. 작업 도중 두 아들이 갑자기 가출을 선언했을 때 아버지 세베
대는 얼마나 황당했을까? 그래서 이 본문은 설교에 자주 인용된다.
예수님이 부르시면 지체 없이 순종해야 한다고 말이다. 하지만 뭔가
이상하지 않은가? 믿는 우리에게는 감동을 주지만 이런 일이 현실
적으로 가능할까?

　어떤 사건을 제대로 알려면 최대한 많은 증언이 필요하다. 그래야
편견 없는 사건의 실체가 파악된다. 복음서가 네 권인 이유가 이것
이다. 각각을 비교하면 스토리의 빈틈을 채울 수 있다. 일단 마태와
마가의 의문은 누가복음을 통해 다소 해소된다. 제자들이 "모든 것

을 버려두고" 예수를 따르기(눅 5:11) 전에 예수님은 이미 여러 기적을 행하셨고, "이에 예수의 소문이 그 근처 사방에" 퍼졌으며(눅 4:37, 참조. 4:14-15), 심지어 시몬 베드로의 장모의 열병까지 치료해 주셨기(눅 4:38-39) 때문이다. 그러니 베드로와 동료들이 해변에서 주님을 따른 것은 어느 정도 일리가 있어 보인다.

하지만 정작 해당 본문을 보면 의문이 더 커진다. 갈릴리 호수에서 무리를 가르치시던 예수님은 "말씀을 마치시고 시몬에게 이르시되 깊은 데로 가서 그물을 내려 고기를 잡으라"(눅 5:4)고 하셨다. 갈릴리 바다는 주로 밤중에 얕은 곳에서 고기가 잡힌다. 게다가 예수님은 어업 전문가도 아니다. 하지만 어부로 잔뼈 굵은 베드로는 예수님의 이 명령이 떨어지자 이미 거둬들인 그물을 다시 정비하여 깊은 곳으로 가서 오직 "말씀에 의지하여"(눅 5:5) 그물을 내렸다. 그랬더니 "고기를 잡은 것이 심히 많아 그물이 찢어"지게 되었다(눅 5:6).

여기까지는 꽤 신나는 결말이다. 그래서 이 본문도 설교에 자주 나온다. 나의 지식과 경험을 넘어 오직 말씀만 의지해야 한다고 적용한다. 지당한 말이다. 하지만 종종 이 촉구는 그물이 찢어질 만큼 차고 넘치는 '물질의 복'으로 귀결되곤 한다. 이것은 빗나간 해석이다. 왜냐하면 정작 베드로와 동료들은 "모든 것을 버려두고 예수를" 따랐기(눅 5:11) 때문이다. 당사자들은 그 물고기로 아무런 혜택을 얻지 못했다. 오히려 춥고 배고픈 길에 들어섰을 뿐이다.

그러므로 본문에서 가장 중요한 부분은 다음 대목이다. 그물이 찢어지고 배가 가라앉을 만큼 많은 물고기 앞에서 베드로는 갑자기

"예수의 무릎 아래에 엎드려 … '주여, 나를 떠나소서. 나는 죄인이로소이다'"(눅 5:8)라고 고백한다. 누가 봐도 황당한 고백이다. 마태와 마가의 즉각적인 순종보다 더 의아하다. 도대체 베드로는 신나는 노다지를 앞에 두고 왜 이런 태도를 보였을까? 이에 대해서는 여러 가지 해석이 있다. 그중 자주 등장하는 해석은, 예수님의 신성 앞에 선 인간은 자기 죄성을 깨닫고 죄인임을 고백하게 된다는 것이다.

이런 식의 바른 정답 앞에 우리는 주눅이 들고 웬만하면 수긍하는 경향이 있다. 하지만 이런 접근은 오히려 사건의 실제성을 망가뜨린다. 정말로 일어난 사건이라면 이런 해석은 비상식적이다. 그러면 베드로는 왜 예수님께 "나를 용서하시고 구원하소서"라고 하지 않고 "나를 떠나소서"라고 했을까? 죄인이라는 고백은 회개로 이어져야 정상이다. 하지만 그의 고백은 앞으로도 계속 죄인으로 남겠다는 것인데 이상하지 않은가? 또한 예수님 앞에 섰던 바리새인이나 대제사장들은 왜 자기 죄를 못 깨달았을까? 주님의 신성은 누구에게는 보이고 누구에게는 안 먹히는 것일까?

결국 이런 접근으로는 어부 출신 제자들의 미스터리가 풀리지 않는다. 좀 더 치밀한 추적이 필요하다. 이 사건 이전의 일들을 살펴보면 경첩이 하나 보인다. 그것은 예수님이 시몬 베드로보다 시몬의 장모를 먼저 만나셨다는 것이다(눅 4:38). 마태복음은 거기가 "베드로의 집"이었다고 전한다(마 8:14). 이것은 예수님과 베드로 사이에 미리 어떤 접촉이 있지 않았을까 하는 생각을 불러일으킨다. 심지어 예수님이 베드로를 찾아다니시는 것처럼 보인다. 왜냐하면 그의 장모를 만나신 다음 날, 일부러 또 호수에 가셔서 기어이 시몬을 찾으셨기 때문이다.

전날 밤새 허탕 친 베드로에게 예수님은 다시 배를 띄우라 하신 다음, 배에 올라 무리를 가르치셨다. 베드로와 예수님이 처음 만난 사이라면 피곤했던 시몬은 역정을 냈을 것이다. "아니, 당신이 뭔데 띄우라 마라야. 내 배가 택시여" 하면서 말이다. 그의 급한 성격은 우리도 잘 아는 바다. 하지만 시몬은 매우 고분고분하다. 심지어 정비가 끝난 그물을 다시 던지라 하는데도 곱게 순종한다. 그리고 엄청난 고기를 잡자 예수님께 엎드려 나는 죄인이라고 아예 오열을 한다. 이쯤 되면 '그와 예수님 사이에 뭔가 찐한 사연이 있었던 건 아닐까?' 질문하게 된다.

그 해답이 요한복음에 등장한다. 요한복음은 다른 복음서의 빈 부분을 채워 주는 역할을 자주 한다. 특히 예수님과 제자들의 만남에 중요한 정보가 담겨 있다. 예수님이 세례 요한을 찾아가셨을 때, 거기서 베드로를 비롯한 다섯 명의 갈릴리 제자들을 이미 만나셨다는 것이다. 그중에 안드레와 또 한 명의 제자(보통 야고보의 동생 요한이라고 본다)는 이미 세례 요한의 제자였다. 세례 요한 곁에 따로 동반한 것으로 보아 상당한 측근이었던 것 같다(요 1:35).

그런데 이들은 세례 요한이 예수님을 보고 "하나님의 어린 양"(요 1:36)이라고 하니까 눈치 빠르게 스승을 갈아탔다. 그렇게 예수님의 제자가 된 안드레는 "자기의 형제 시몬을 찾아 말하되 우리가 메시아를 만났다"(요 1:41)고 전했고, 시몬 역시 예수님을 만났던 것이다. 예수님은 그에게 "게바" 곧 "베드로"라는 이름까지 지어 주셨다(요 1:42). 따라서 예수님과 베드로, 안드레, 요한 등 갈릴리 쪽 제자들의 인연은 공관복음이 말하는 것보다 훨씬 깊고 오래된 것이었다. 먼 유대 땅 요단강에서 이미 스승과 제자의 관계를 맺었던 것이다. 이후 예수님은 이들과 함께 갈릴리로 돌아가셨고, 가나 혼인잔치의 표적을 거쳐 첫 유월절에 예루살렘까지 동행하셨다(요 2장).

이 사실을 공관복음서와 연결하면 좀 이상한 상황이 벌어진다. 예수님과 이미 사제지간이었던 제자들은 왜 다시 호수에서 고기를 잡고 있었던 걸까? 여기서부터는 신학적 상상력으로 충분히 다가갈 수 있다. 베드로와 동료들은 예수님을 잠시 쫓아다니다가 어떤 두려움을 느꼈던 것 같다. 이분과 계속 다니면 큰일 날 것 같은 느낌이 들었던 것이다. 그럴 만한 일이 있었던 걸까? 여기서 요한복음이 다시 한번 빛을 발한다. 다른 복음서와 달리 요한복음은 예수님이 사역 초기에 이미 예루살렘 성전의 장사꾼들을 몰아내셨다고 증언한다(요 2:13-22). 아마 예수님은 매년 이 일을 반복하셨던 것 같다.

이 사건은 제자들에게 큰 충격이었을 것이다. 우리는 흔히 '성전 청결 사건'이라고 부르지만 엄밀히 말하면 청결이 아니다. 예수님은 아예 성전 자체를 부정하셨고, 심지어 다 헐어 버리라고 하셨다(요 2:19). 즉 '성전 폐쇄 사건'이었다. 유대인들에게 이런 주장은 곧 죽음을 의미한다. 성전을 부정하는 일은 당시 유대인들의 신앙을 부정하는 행위이기 때문이다. 그래서 제자들은 어느 순간 예수님을 떠난 것으로 보인다. 안드레와 다른 제자가 한때 스승이었던 세례 요한을 쉽게 떠난 것을 보면 얼마든지 가능한 일이다.

그래서 예수님은 갈릴리에서 도망친 베드로와 제자들을 찾아다니신 것이다. 베드로의 집을 직접 찾아가셨고, 그가 동료들과 밤새 고

기잡이를 한다는 소식을 아시고는 다음 날 호수로 찾아 나선 것이다. 갑자기 나타난 스승 앞에서 베드로는 얼마나 쑥스러웠을까? 게다가 채찍을 휘두르시던 주님을 알기에 겁도 많이 났을 것이다. 이로써 그가 왜 꼼짝 못 하고 예수님께 순종했는지 의문이 풀린다. 그러다 마침내 예수님의 초자연적인 능력에 의해 그물에 잡힌 물고기를 보았을 때 베드로의 심정이 어땠을까? 예수님이 진정 하나님의 메시아임을 깨달은 순간 베드로는 자기의 배신이 얼마나 큰 죄인지 절감하게 되었다. 그래서 튀어나온 말이 이것이다. "주여, 나를 떠나소서. 나는 죄인이로소이다"(눅 5:8). 나 같은 배신자는 쓸모없는 존재라는 자책이다.

그때 예수님은 말씀하셨다. "무서워하지 말라. 이제 후로는 네가 사람을 취하리라"(눅 5:10). 이것은 용서의 말씀이요, 너를 기꺼이 다시 사용하신다는 말씀이다. 그러니 어찌 베드로와 그 곁의 제자들이 가만히 있었겠는가? 마태와 마가식으로는 '그물과 배와 아비를 버려두고', 누가식으로 하면 "모든 것을 버려두고"(눅 5:11) '곧' 예수님을 따랐던 것이다. 그리하여 그들은 천국은 물론 이 땅에서도 위대한 이름을 남겼다. 지금 이 세상에 피터, 앤드류, 존, 제임스라는 이름이 얼마나 많은가?

성경은 거룩한 책이다. 그렇다고 공자 왈 맹자 왈 스타일로 읽으면 안 된다. 상상력을 발휘하며 소설처럼 읽어야 한다. 그렇게 시작하다가 고꾸라져 눈물을 쏟는 책이 성경이다. 책 자체가 거룩한 것이 아니다. 성경책은 너덜너덜해지도록, 중간에 과자 부스러기를 흘리며 읽어도 괜찮다. 거룩한 것은 내용이다. 하나님은 구원에 필요

충분한 영감을 성경 속에 넣어 주셨다. 성경을 제대로 알기 원하는 사람은 언제나 귀한 깨달음과 감격을 얻을 수 있다.

나중에 베드로는 초대교회에 흥미로운 고백을 남긴다. "예수를 너희가 보지 못하였으나 사랑하는도다. 이제도 보지 못하나 믿고 말할 수 없는 영광스러운 즐거움으로 기뻐하니 믿음의 결국 곧 영혼의 구원을 받음이라"(벧전 1:8-9). 베드로는 참 솔직한 사람인 듯하다. 예수님을 직접 모셨고 많은 기적도 체험했으며, 그 와중에 배신까지 여러 번 했다. 그러니 베드로가 지금 예수님을 믿고 따르는 것은 지극히 당연하다. 그런데 예수님을 직접 본 적도 없는 성도들이 그분을 사랑하고 따르는 모습을 보고 베드로는 너무나 신기했던 것이다. 아마 21세기를 사는 우리까지 보면 놀라 기절할지도 모른다.

과연 이러한 힘은 어디서 오는 것일까? 우리 손에 쥐어진 예수님의 이야기 곧 성경이다. 성경에 담긴 하나님의 영감이 주님을 눈으로 못 보는 현대에도 놀라운 능력을 발휘하여 우리로 예수님을 사랑케 하신 것이다. 그래서 우리는 이렇게 찬양한다.

> 예수 사랑 하심을 성경에서 배웠네
> 우리들은 약하나 예수 권세 많도다
> 날 사랑하심 날 사랑하심
> 날 사랑하심 성경에 쓰였네
>
> (찬송가 563장)

무식하고 가난한 베드로

베드로는 정말 무식하고 가난한 어부였을까

> 그들이 베드로와 요한이 담대하게 말함을 보고 그들을 본래 학
> 문 없는 범인으로 알았다가 이상히 여기며 또 전에 예수와 함께
> 있던 줄도 알고 또 병 나은 사람이 그들과 함께 서 있는 것을 보
> 고 비난할 말이 없는지라. 사도행전 4:13-14

예수님의 제자들이 가난하고 무식한 어부들이라는 설교를 종종 듣
는다. 하도 귀에 익어 당연히 옳다고 생각한다. 하지만 과연 그럴까?
성경에는 예수님의 제자들이 가난하고 무식했다는 증거가 안 나온
다. 오히려 반대되는 상황들이 자주 드러난다.

요한복음은 세례 요한이 사역하던 요단강에서 베드로와 다른 제
자들이 이미 예수님을 만났었다고 알려 준다. 이에 한 가지 의문이
든다. 그렇다면 베드로는 왜 거기에 있었을까? 원래대로라면 갈릴리
에서 고기를 잡고 있어야 하지 않았나? 그리고 보니 그의 동생 안드
레는 베드로보다 더 이전에 거기 있었다. 또 다른 한 사람(통념을 따라
요한으로 부르겠다)과 함께 아예 세례 요한의 최측근 제자로 나오니 말
이다(요 1:35-36). 이건 안드레와 요한이 꽤 오랫동안 세례 요한 곁에

있었다는 증거다.

당시 온 이스라엘이 세례 요한에게 몰려들었다(마 3:5; 막 1:5). 대부분 세례를 받기 위해서였지만 그중에는 안드레와 요한처럼 아예 제자가 된 사람도 있었다. 세례 요한이 메시아가 아닐까 생각했기 때문일 것이다(눅 3:15). 안드레 역시 이런 기대로 그의 제자가 되었음이 분명하다. 그러다가 요한이 자기는 그리스도가 아니고(요 1:20) 예수님이 메시아라고 하는 말에 안드레는 금세 스승을 바꾸었다(요 1:37). 그리고 근처에 있던 형을 찾아가 "우리가 메시아를 만났다"(요 1:41)고 전했다. 이것은 베드로 역시 메시아의 출현에 관심이 컸다는 증거다.

그런데 그 주변에는 베드로뿐 아니라 빌립과 나다나엘(보통 '바돌로매'라고 본다, 마 10:3)도 있었다. 이들도 갈릴리 출신(요 1:44, 21:2)으로서 역시 둘 다 메시아에 지극한 관심이 있었다(요 1:45-46). 그렇다면 대충 그림이 그려진다. 로마의 압제 속에 고통받던 시절, 갈릴리 출신의 다섯 청년들은 남달리 깬 선구자들임이 분명하다. 그들은 조국의 앞날을 걱정하며 메시아를 간절히 기다렸다. 그러다가 세례 요한의 소문을 듣고 제일 먼저 안드레와 요한이 요단강으로 달려가 그의 제자가 되었다. 그렇게 자리를 잡고 나서 친형인 베드로와 다른 동네 형들까지 세례 요한 곁으로 부른 것이다.

그렇다면 그들은 지금 세례 요한 학파에 들어갈 준비 중이었을 가능성이 높다. 그런데 스승이 갑자기 안드레와 요한에게 예수님을 가리키며 저분이 진짜 메시아라고 했다(요 1:19-36). 그리하여 갈릴리의 다섯 청년들은 세례 요한 학파를 포기하고 다 함께 예수님의 제자가 된 것이다. 아마 예수님도 갈릴리 출신이시라는 것을 그들이 알았을 때 이 모두가 하늘의 뜻이라고 여겼을 것이다. 비록 주님이 성전에서 장사꾼을 쫓아내시는 장면에 놀라 잠깐 이탈하긴 했지만 말이다 (로마와의 투쟁을 꿈꾸던 이들에게 이 성전 사건은 위험한 자중지란으로 느껴졌을 것이다).

따라서 갈릴리의 제자들을 무식한 자들로 단정하는 것은 잘못이다. 그들은 생각 없이 살던 무지렁이들이 아니었다. 조국을 염려하며 구원자를 바랐고 그의 활동에 함께할 결단이 있던 자들이었다. 이를 위해 평소 자기를 갈고닦아 왔음이 분명하다. 애초에 세례 요한의 주변에 모인 것과 무엇보다 해박한 성경 지식을 보여 주는 것이 그 증거다(요 1:45-46).

심지어 예수님은 나다나엘에게 "네가 무화과나무 아래에 있을 때에 보았노라"(요 1:48)고 말씀하셨다. 이 무화과나무는 주로 신실한 자들이 홀로 말씀을 묵상하며 기도하는 곳으로 해석된다. 그래서 예수님은 나다나엘을 향해 "이는 참으로 이스라엘 사람이라. 그 속에 간사한 것이 없도다"(요 1:47)라고 칭찬하셨던 것이다.

결국 갈릴리의 제자들은 무식한 어부가 아니라 미리부터 자신을 갈고닦던 자들이었다. 그들은 메시아를 찾다가 예수님을 만났고 3년 동안 밀착 수업을 받았다. 그러니 나중에 베드로와 요한의 연설을 듣고 대제사장과 관리들이 "그들을 본래 학문 없는 범인으로 알았다가 이상히" 여긴 것(행 4:13)은 당연한 일이다. 이 구절을 제자들이 무식했다는 증거로 자주 내세우는데 그런 뜻이 아니다. 무식한 줄 알았는데 아니었다는 것이 진짜 뜻이다.

게다가 예수님의 제자들 중에는 "셀롯이라는 시몬"(눅 6:15; "셀롯인 시몬", 행 1:13)도 있었다. 셀롯인은 당시 '젤롯당'을 의미하는데, 이들은 로마로부터의 독립을 위해 목숨 걸고 활동하던 자들이었다. 셀롯인 시몬은 아마 젤롯당에서 예수님의 정체를 알아보라고 파견한 인물일 가능성이 있다. 그러다가 진짜로 예수님을 믿게 되었을 것이다. 여러 전승을 보면, 셀롯인 시몬은 이집트와 아프리카를 거쳐 현재의 영국까지 복음을 전하다가 십자가 처형을 받았다고 한다.

그뿐만 아니라 제자들 중에는 국가 공무원 출신인 세리 마태가 있었고, 이런 회계 전문가를 제치고 돈궤를 맡았던 가룟 유다도 있었다. 이 역시 예수님의 제자들이 무식한 그룹이 아니었음을 증명한다.

그럼 이제 갈릴리 제자들이 가난한 어부였는지도 알아보자. 갈릴리 지역의 어업 경제 상황에 대해 학자들의 의견은 다양하고 팽팽하다. 하지만 성경을 보면, 그 지역 어부였던 제자들의 삶이 무조건 가난했다고 보기 힘든 증거가 많다. 먼저 베드로와 안드레는 배를 소유하고 있었다(눅 5:3; 요 21:3). 예수님은 제자들과 배를 타고 자주 갈릴리 호수를 다니셨다(마 8:18; 막 4:35-41 등). 아마 이 배는 누가복음에서 설교 강단으로 사용되었던 "시몬의 배"일 확률이 가장 높은데(눅 5:3), 필요할 때마다 임의로 사용된 정황을 보면 베드로의 소유임이 분명하다.

그의 배는 원시적인 뗏목이나 카누 같은 것이 아니었다. 13명이나 되는 인원이 폭풍 치는 바다를 헤치고 다닐 정도였다. 1986년 큰 가뭄이 있었을 때 갈릴리 호수 바닥에서 예수님 시대의 어선 한 척이 발견되었다. 길이 8.27미터 너비 2.3미터 높이 1.3미터로, 약 15명

정도가 승선 가능한 배였다. 규모로 보아 이것은 예수님과 열두 제자가 타고 다니던 시몬의 배와 동종일 가능성이 매우 높은데, 노를 젓는 부분이 네 곳이나 있고 돛대도 달려 있었다. 연구 결과, 배 주인이 몇 대에 걸쳐 이것을 고치며 사용하다가 더 이상 수리가 불가능해지자 값나갈 부품을 떼어 내고 수장시켰음이 드러났다. 배는 예나 지금이나 값싼 물건이 아니다. 이처럼 베드로는 그럴듯한 자기 배를 소유한 선주 출신 어부였다.

그런데 그와 한 동네 살았던 야고보와 요한은 더 부자였던 것 같다. 그들의 배에는 고용되어 일하던 품꾼들이 있었다(막 1:20). 이것은 그들의 아버지 세베대의 어업 규모가 베드로 형제보다 컸다는 증거다. 특히 누가복음은 야고보와 요한이 "시몬의 동업자"(눅 5:10)라고 말한다. 이것은 당시 갈릴리 어부 사이에 존재했던 어업 길드에 함께 속해 있었다는 증거다. 아마 그들의 아버지 세베대는 이 어업 연합의 조합장이었을 가능성이 높다. 당시 로마제국 사람들은 생선을 매우 좋아했고 갈릴리 호수의 물고기는 인기가 높았다. 무엇보다 오늘날처럼 냉장기술이 없던 시절, 생선은 상당히 고가의 식품이었다. 따라서 갈릴리의 물고기는 염장이나 훈제 혹은 젓갈이 되어 중요한 무역품으로 비싼 가격에 팔려 나갔다.

또 다른 증거가 성경에 나온다. 마태복음에 보면, 요한과 야고보의 어머니 즉 세베대의 아내가 예수님께 청탁을 넣는 장면이 나온다. 그녀는 주님께 "나의 이 두 아들을 주의 나라에서 하나는 주의 우편에, 하나는 주의 좌편에 앉게 명하소서"(마 20:21)라고 부탁한다. 그녀가 유대 지역까지(마 19:1) 주님과 밀착 동행한 것을 보면, 아마 예수님을 돕던 여성 멤버 중 하나였던 것 같다. 당시 예수님과 제자들 곁에는 "여러 여자가 함께하여 자기들의 소유로 그들을" 섬겼다(눅 8:3).

세베대의 아내의 당당한 치맛바람은 평소 남보다 더 많은 돈을 지원해 온 자신감에서 나왔을 확률이 높다. 그래서 이 일이 있은 후 다른 "열 제자가 … 그 두 형제에 대하여 분히" 여겼다(마 20:24). 이 분노는 아마 금수저 출신의 야고보와 요한을 향한 시기심이었을 것이다. 교회 전통에 따르면, 이 여인은 향품을 사들고 예수님의 무덤에 찾아간 살로메로 알려져 있다(막 16:1).

또 하나 주목할 점은, 예수님이 사역을 시작하면서 나사렛을 떠나 가버나움으로 거처를 옮기셨다는 것이다(마 4:13). 나사렛은 촌구석이었지만 가버나움은 큰 도시였다. 그렇다면 예수님은 가버나움에 집을 사거나 세를 얻어서 가셨을까? "여우도 굴이 있고 공중의 새도 집이 있으되 인자는 머리 둘 곳이 없도다"(눅 9:58)라고 하신 말씀으로 보아 본인 명의의 거처를 구하신 것은 아닌 듯하다. 그럼 어디에 계셨을까? 가버나움 회당 곁에 있던 베드로의 집이 가장 유력하다(눅 4:38). 거기서 시몬의 장모를 고치시고 다음 날 호수에서 베드로를 부르신 후 그의 집을 거점으로 활동하셨을 가능성이 가장 크다.

일단 여기서 베드로에 대한 정보가 몇 개 더 발견된다. 그는 장모를 모시고 살았다. 웬만하면 부모와 사돈이 같이 사는 경우는 없으므로 그는 부모를 일찍 잃었던 것으로 보인다. 그것이 아니라면 처가 식구까지 함께 모실 만큼 집이 컸다는 증거도 된다. 여하튼 베드로는 동생 안드레와 함께 자기 집에서 처가 식구들까지 부양할 수입이 있었고, 심지어 이후로 동생과 함께 어업 활동을 중단했는데도 그럭저

력 집과 가정을 유지할 수 있었다. 나중에 베드로는 "믿음의 자매 된 아내를 데리고"(고전 9:5) 선교활동을 했다. 이것은 주님을 따르는 중에도 어떤 식으로든 베드로의 가정이 유지되었음을 보여 준다.

그런데 마가복음에 보면, '예수께서 다시 가버나움에 들어가시니 집에 계시다는 소문이 들려서 많은 사람이 모여서 문 앞까지도 들어설 자리가 없게 되었다'고 증언한다(막 2:1-2). 이 집은 이미 살펴본 대로 베드로의 집이었을 것이다. 이때 어떤 사람들이 "한 중풍병자를 … 침상에 메고 와서 예수 앞에 들여놓고자 하였으나 … 들어갈 길을 얻지" 못하였다(눅 5:18-19). 결국 그들은 "지붕에 올라가 기와를 벗기고 병자를 침상째 … 예수 앞에 달아" 내렸다(눅 5:19). 그런데 이때 등장한 지붕의 '기와'가 흥미롭다.

당시 이스라엘 전통 주택은 흙으로 옥상을 평평하게 다진 스타일이었다. 욥바의 무두장이 시몬의 집 지붕에서 베드로가 기도했다는 기록(행 9:43, 10:9)에서 보듯 말이다. 이런 지붕은 옥상의 굳은 흙 자체를 파야 하기 때문에 뚫고 내려오기가 불가능하다. 마가복음에는 "지붕을 뜯어"(막 2:4)라는 말이 나오지만 상투적인 표현인 듯하다. 누가가 밝힌 '지붕의 기와'라는 상세한 묘사가 실제 베드로의 집 형태였을 것이다. 이 기와는 흙을 빚어 구운 타일로서 헬라어로 '케라모스'인데, 지금의 '세라믹'의 어원이다. 피르조 하마리 박사의 헬싱키 대학 논문에 의하면 '케라모스'는 고대 로마 기와 양식을 대표하는 '테굴라'(평형 기와)와 '임브렉스'(덮개 기와)의 그리스식 전문용어다.

당시 가버나움은 갈릴리의 대표적 교통 요지로서 로마의 백부장과 그의 부대가 주둔했을 뿐 아니라(마 8:5), 로마 세관도 있어 마태를 비롯한 수많은 세리들이 근무하고 있었다(마 9:9). 베드로는 아마 여기에 최신식 로마 양식의 집을 소유하고 있었던 것 같다. 좀 과하게 상상해 이 도자기 기와들이 의도적으로 탈착 가능한 일종의 뚜껑 형태였다면 당시 무더운 지역의 실내 공기를 위로 모아 빠져나가게 하여 온도를 조절하던 최신 돔형 구조였을 가능성도 있다.

이상의 관찰들을 통해 우리는 예수님의 제자들이 가난하고 무식한 사람들이었다고 단정 지을 수 없음을 알게 된다. 혹자는 별로 중요하지도 않은 것을 이렇게까지 파고드느냐고 할지 모르겠다. 여기에는 이유가 있다. 우리는 진지한 근거보다 낯익은 선입견으로 성경에 접근하기 좋아한다. 거기에 감성적으로 찡한 느낌까지 더해지면 거의 정설로 받아들이는 경향이 있다. 설교자들이 말씀을 준비할 때도 그렇고 듣는 성도들도 이것이 훨씬 이해하기 쉽고 좋으니까 그렇게 한다. 하지만 지나치게 정교한 감동은 꾸며진 것일 확률이 높고 진실은 늘 예상을 빗나가는 경우가 많다. 우리는 아직 모르는 것이 너무나 많기 때문이다.

그래서 말씀 맡은 자들은 공부를 게을리하면 안 된다. 성경을 더 깊이 알아서 성도들에게 전하라고 월급 받고 지원받고 나아가 존경도 받는데, 쓸데없는 일에 시간을 소모하면 안 된다. 감성적인 접근만으로 우려먹으려 하면 절대 안 된다. 하나라도 더 읽고 공부하고, 그래서 성경의 진실에 최대한 다가가 어떻든 깊고 바른 것을 전하려고 애써야 한다. 그래야 하나님이 기뻐하신다. 왜냐하면 그 설교 자리에 하나님도 함께 오셔서 자기의 뜻을 잘 전하는지 듣고 계시기 때문이다.

영과 진리의 예배

영과 진리로 드리는 예배란 무엇일까

> 아버지께 참되게 예배하는 자들은 영과 진리로 예배할 때가 오나니 곧 이때라. 아버지께서는 자기에게 이렇게 예배하는 자들을 찾으시느니라. 하나님은 영이시니 예배하는 자가 영과 진리로 예배할지니라. 요한복음 4:23-24

신학생 시절, 잘 모르는 분과 차를 타고 멀리 갈 일이 있었다. 예수님 이야기를 꺼냈더니 자기도 대학생 때 교회를 다녔다며, 성악 전공이어서 주일마다 대형 교회에서 성가대 알바를 뛰었단다. 그래서 "복음은 들어 보셨겠네요?" 했더니 전혀 모른다고 했다. 성가대 순서가 끝나면 다른 알바생들과 뒷문으로 나가 설교가 끝날 때까지 담배를 피우고 들어왔단다. 돈으로 전공자들을 채운 그 교회 성가대는 실력이 뛰어났을 것이다. 그런데 하나님은 그 찬양을 기쁘게 받으셨을까? 주일이면 수많은 성가대가 찬양을 드린다. 그때 하나님은 그들의 실력을 보실까 중심을 보실까?

우리는 예배자들이다. 하나님께 참된 예배를 드려야 한다. '참된 예배'란 무엇일까? 예수님은 '영과 진리로 드리는 예배'(요 4:23-24)라고 하셨다. 그러면 '영과 진리로' 드리는 예배는 또 무엇일까? 이 문제는 개역개정성경이 나온 뒤 더욱 심각해졌다. 개역한글성경은 "신령과 진정으로"라고 번역해 놓았기 때문에 그 말이 사실 어렵지 않았다. '신령하고 진정한 마음'으로 예배드리라는 것은 지당한 말씀이니까. 하지만 이 번역은 의역으로 본래의 뜻에서 멀다. 그래서 개역개정성경은 과감하게 원문을 따라 "영과 진리로"라고 번역했다. 그랬더니 내용이 더 어려워져 버렸다.

도대체 '영과 진리로' 예배하는 것이 무엇일까? 일단 '영'이 무슨 뜻인지 결정할 필요가 있다. '영'이라고 번역한 헬라어 '프뉴마'는 요한복음에 스물두 번 나오는데, 열여섯 번이 성령을 가리키고 세 번은 육과 반대되는 개념(요 3:6, 4:24, 6:63), 두 번은 예수님의 심정(요 11:13, 13:21), 나머지 한 번은 예수님의 영혼(요 19:30)을 의미한다. '영과 진리로'의 '영'은 성령을 가리킨다고 보는 것이 옳다. 가장 큰 이유는 요한복음에서 '영과 진리'가 결합되어 '진리의 성령'이라는 표현이 세 번이나 나오기 때문이다(요 14:17, 15:26, 16:13). 이때의 '영'(프뉴마)은 확실히 성령을 가리킨다.

본래 이 구절은 예수님과 사마리아 여인의 대화 가운데 나온 것이다. 사마리아 여인은 이렇게 질문했다. "우리 조상들은 이 산에서 예배하였는데 당신들의 말은 예배할 곳이 예루살렘에 있다 하더이다"(요 4:20). 사마리아는 북이스라엘이 멸망하면서 이방인과 섞인 혼혈 민족이다. 그들은 정통 유대인들과 사이가 좋지 않았고 모세오경을 변형시킨 '사마리아오경'을 믿었다. 그 책에는 십계명 구절(출 20:17; 신 5:21) 다음에 '그리심산에서 번제를 드리라'는 내용이 추가되어 있다. 그래서 두 민족 사이에는 예배 장소 논쟁이 있었다. 사마리아 여인은 평소 이 논쟁이 궁금했던 모양이다.

예수님은 여인에게 "이 산에서도 말고 예루살렘에서도 말고 너희가 아버지께 예배할 때가 이르리라"(요 4:21)고 말씀하셨다. 이 구절에 꼭 따라 나오는 해석이 하나 있다. 예배가 이제 '장소'의 개념에서 '시간'의 개념으로 바뀌었다는 것이다. 얼핏 그럴듯해 보이지만 이 해석은 우리를 삼천포로 빠지게 한다. 그러면 이제 어떤 장소가 아니라 '특정한 시간'에 예배드려야 한다는 말인가? 그 시간은 무슨 요일 몇 시인가. 예수님은 그때가 "곧 이때라"(요 4:23)고 하셨는데, 그러면 그 당시에 드려진 예배만 참된 예배인가? 결국 혼란만 더 커진다.

사실 예수님은 장소를 시간으로 바꾸신 적이 없다. "이 산에서"와 "예루살렘에서"를 원문대로 직역하면 '이 산 안에서'(in this mountain) 그리고 '예루살렘 안에서'(in Jerusalem)다. 둘 다 헬라어 '엔'(영어의 in)이라는 전치사로 표현되었다. 여기에 예수님은 그 두 곳이 아니고 이제는 '성령과 진리 안에서'(in Spirit and Truth) 예배해야 한다고 대답하셨다. 이때도 마찬가지로 전치사 '엔'(영어의 in)이 쓰였다. 개역개정성경은 이 표현을 "영과 진리로"라고 번역해서 혼란을 가중시켰다. 이것은 마치 영과 진리를 '가지고'라는 도구격처럼 보인다. 하지만 실상 여인은 '~안에서?'라는 장소로 물었고 예수님도 '~안에서!'라는 장소로 대답하셨다.

여기에 예배할 '때'가 온다는 시간 개념은 단지 이제 시대가 변했다는 뜻이다. 그때와 달리 저기서 드리던 예배가 이제는 여기로 바

꿰었다. 눈에 보이던 '산과 예루살렘'에서 보이지 않는 '성령과 진리'로 대체된 것이다. 따라서 이제 '성령 안'에서 그리고 '진리 안'에서 예배드려야 한다. 그것만이 하나님께서 받으시는 참된 예배다.

그러면 문제가 풀리기 시작한다. 요한복음의 '성령'과 '진리'는 독특하고도 명확한 개념이기 때문이다. 요한복음이 말하는 성령은 오직 예수님만 증거하는 분이다. 예수님은 "진리의 성령이 오실 때에 그가 나를 증언하실 것"(요 15:26)이라고 하셨다. 동시에 "그가 내 영광을 나타내리니 내 것을 가지고 너희에게 알리시겠음이라"(요 16:14)고 하셨다. 니고데모에게 말씀하신 '바람 같은 성령'(요 3:8)도 결국 예수님으로부터 와서 예수님께로 수렴되는 분이다.

이처럼 성령은 오직 예수님과 그의 영광만을 나타내신다. 이 영광의 실체는 과연 무엇일까? 주님은 십자가를 결심하시면서(요 12:24, 27) "인자가 영광을 얻을 때가 왔도다"(요 12:23)라고 선언하셨다. 이것은 예수님의 영광이 십자가 사건을 통해 완성됨을 보여 준다. 또 다른 곳에서도 예수님의 십자가와 부활이 곧 "예수께서 영광을 얻으신" 것이라고 표현된다(요 12:16). 따라서 예수님의 영광을 드러내시는 성령 안에 들어가면 결국 십자가의 사랑에 휩싸인다.

요한복음의 '진리' 개념도 명확하다. 스물다섯 번이나 반복된 '진리'(알레테이아) 역시 예수님을 가리킨다. 대표적인 구절이 "내가 곧 길이요 **진리**요 생명"(요 14:6)이라는 선언이다. 이처럼 진리 되신 예수님은 인간의 죄를 사하시고 자유를 주신다. 이것은 "진리를 알지니 진리가 너희를 자유롭게 하리라"(요 8:32)는 대목에서 드러난다. 각 대학마다 즐겨 사용하는 이 구절은 사실 세상의 학문과 상관이 없다. 이 선언은 "죄를 범하는 자마다 죄의 종이라"(요 8:34)로 이어져 "아들이 너희를 자유롭게 하면 너희가 참으로 자유로우리라"(요 8:36)로 종결된다. 진리 되신 예수님이 죄를 사하시고 자유를 주신다는 약속이다. 따라서 '진리 안'으로 들어간 자 역시 오직 십자가에서 우리 죄를 용서하신 예수님을 만나게 된다.

이처럼 요한복음의 성령과 진리는 일관되게 예수님을 증언한다. 그 속에 들어가면 오직 예수님과 죄용서의 사랑을 깨닫는다. 따라서 '성령과 진리 안에서' 예배하는 자는 곧 예수님의 사랑에 감격하여 예배하는 자들이다. 그 예배는 당연히 예수님께 집중되고 예수님을 찬양하고 예수님께 감사하며 예수님의 말씀을 기쁘게 배우는 예배다. 오직 예수님에 의한, 예수님을 위한, 예수님의 예배다. 이것이 참된 예배다.

혹자는 그러면 여호와 하나님께는 예배를 안 드려도 되느냐고 물을 것이다. 착각하면 안 된다. 여호와의 이름만 내세운다고 하나님을 예배하는 것이 아니다. 유대인도 사마리아인도 그때나 지금이나 하나님을 부르며 예배한다. 하지만 그것은 바른 예배가 아니다. 하나님은 이제 '성령과 진리 안에서' 예배하는 자들만 찾으신다. 예수님이 중심이 된 예배만 받으시겠다는 선언이다. 이것을 달리 표현하면 예수님을 보내신 그 하나님만이 참으로 예배받으실 분이라는 뜻이다. 이 하나님을 모르면 결국 하나님을 모르는 것이다. 그래서 예수님은 "나로 말미암지 않고는 아버지께로 올 자가 없느니라"(요 14:6)고 말씀하셨다.

이처럼 모든 것이 예수 중심이 될 때 비로소 하나님이 받으시는 참된 예배가 된다. 그 예배에는 오직 십자가를 지신 예수님과 자기 아들을 보내신 하나님만이 중심에 계신다. 놀랍게도 요한복음은 이것이 오직 한 분이신 하나님을 예배하는 것과 같다고 말한다. 왜냐하면 예수님이 곧 하나님이시기 때문이다. 이 사상은 요한복음의 핵심 중의 핵심이다. 누가 성부 성자의 일체에 대한 구절이 성경에 없다고 말하는가? 예수님은 이렇게 선언하셨다. "나와 아버지는 하나이니라"(요 10:30).

끝으로 이 가르침의 중요한 전제를 살펴보고자 한다. 그것은 "하나님은 영"(요 4:24)이시라는 것이다. 참된 예배에 대한 가르침은 이 전제에서 나왔다. 이때의 '영'(프뉴마)은 육과 대립되는 개념이다(요 3:6, 6:63). 유대인과 사마리아인은 예배를 육의 차원에서 이해했기 때문에 예배 장소를 놓고 논쟁했다. 성경이 만약 '하나님은 육이시니'라고 했으면 그들이 옳다. 이럴 경우, 성전 건물이 화려할수록 찬양대 실력이 뛰어날수록 하나님은 기뻐하실 것이다. 하지만 하나님은 영이시다. 특별한 공간과 영험한 방식과 돈 봉투를 찾는 것은 무당이고 무속이다.

영이신 하나님은 외형이 아니라 중심을 보신다. 그래서 성전을 세운 솔로몬도 이렇게 고백했다. "누가 능히 하나님을 위하여 성전을 건축하리요. 하늘과 하늘들의 하늘이라도 주를 용납하지 못하겠거든 내가 누구이기에 어찌 능히 그를 위하여 성전을 건축하리요. 그 앞에 분향하려 할 따름이니이다"(대하 2:6).

그런데도 눈이 어두워 성전을 자랑하는 유대인들에게 예수님은 "너희가 이 성전을 헐라. 내가 사흘 동안에 일으키리라"(요 2:19) 하셨다. 오직 부활의 주님 자신만이 하나님을 만날 유일한 성전이기 때문이다(요 2:21). 어떤 웅장함과 화려함도 영이신 하나님을 감동시킬 수 없다. 예수님의 사랑에 대한 감격과 그 아들을 보내신 하나님께 감사하는 곳이 참 성전이요 그 속에서 드려지는 예배가 참된 예배다. 그렇지 않은 것은 아무리 그럴 듯해도 하나님을 속여서 뭔가를 얻으려는 작업일 뿐이다.

오병이어

오병이어의 기적으로 부자가 될 수 있을까

> 예수께서 떡 다섯 개와 물고기 두 마리를 가지사 하늘을 우러러
> 축사하시고 떡을 떼어 제자들에게 주어 사람들에게 나누어 주
> 게 하시고 또 물고기 두 마리도 모든 사람에게 나누시매.
>
> 마가복음 6:41

영국 신학자 윌리엄 바클레이는 그가 쓴 〈데일리 스터디 바이블 시
리즈〉의 《요한복음》에서 오병이어의 기적이 세 방향으로 해석될 수
있다고 말했다(이하 내용은 그의 주장에 대한 요약이다).

(a) 예수가 실제로 빵과 생선을 많아지게 한 진짜 기적이다.

(b) 작은 조각들만 나눠 준 일종의 성찬식이었다.

(c) 도시락을 준비한 사람들이 예수를 통해 이기심을 버리고 음식
  을 나눈 이야기다.

그는 이 셋 중 (c)가 아주 멋진 설명이라고 하면서 이렇게 결론지
었다. "이것은 예수가 이기적인 군중을 서로 나눌 줄 아는 친구로 변

화시킨 기적일 것이다. 떡과 생선이 아니라 오히려 사람이 변화된, 그 무엇보다 가장 큰 기적인 것 같다."

수십 년이 지나 우리나라 가톨릭의 수장급 성직자 한 분도 〈중앙일보〉와의 인터뷰(2008년 12월 29일 자)에서 오병이어의 기적은 사람들이 도시락을 나눠 먹은 사건이라고 말했다. 확인해 보니 가톨릭 강단 곳곳에서 이 해석을 옳은 것처럼 사용하고 있었다.

성경에는 많은 기적이 나온다. 그런데 세상은 '그런 기적을 어떻게 믿느냐'고 의심한다. 과학이 발달할수록 교회는 더 수세에 몰렸고 마침내 오병이어 사건을 도시락 나눈 이야기로 설명하기 시작했다. 이런 식의 해석에는 장점도 있다. 일단 인간의 머리로 이해가 간다. 심지어 감동도 준다. 어떤 면에서 꽤 긍정적이다. 오병이어를 초자연적인 기적으로 보면 머리가 아프다. 이성으로는 절대 안 풀리는 부분이 있기 때문이다. 그런데 이해도 잘되고 훈훈한 결말이라니 얼마나 좋은가!

하지만 성경의 기적을 바로 알아야 한다. 기적은 본래 이해가 안 되고 비과학적이어서 기적이다. 원리와 과정이 설명되면 그냥 자연 현상이다. 누군가 기적을 이성에 맞추려고 한다면 애초에 잘못된 접근이다. 또한 기적은 거의 안 일어나니까 기적이다. 지금도 기적이 마구 일어나는 것처럼 말하는 사람들이 있다. 일종의 사기이며 하나님을 종처럼 부리려는 교만이다. 기적은 애당초 안 일어날 일이 일어난 것이다. 이것이 반복되면 일반 현상이 되어 버린다. 아이나 어른이나 모두 물위를 걸어 다니면 더 이상 기적이 아니다.

따라서 교회는 양극단을 다 조심해야 한다. 기적을 이성에 끼워 맞추는 것도, 냇가의 돌멩이처럼 흔하게 만드는 것도 다 문제가 있다. 성경의 기적은 그 속에 담긴 뜻이 중요하다. 그래서 기적을 '표적'(세메이온)이라고 부른다. 어떤 의미를 보여 주는 역할이란 뜻이다. 오병이어는 부활 사건을 제외하면 네 복음서 모두에 나오는 유일한 기적이다. 이처럼 중요한 기록이 도시락 나눠 먹은 사건이라는 것은 무지한 결론이다. 오병이어 사건을 직접 목격한 사람들은 예수님을 향해 "이는 참으로 세상에 오실 그 선지자"라고 말하면서(요 6:14) "억지로 붙들어 임금으로 삼으려" 했다(요 6:15).

당시 이스라엘은 로마의 식민지였다. 그런데도 새로운 임금을 세우겠다는 것은 대제국 황제에 대한 반란이다. 반란은 자신과 온 가족의 파멸을 각오하는 것이다. 과연 그들이 들에서 도시락 나눠 먹은 소박한 감동 체험으로 갑자기 이런 희생을 각오했을까? 애초에 정치적인 선동도 없었는데 말이다. 불과 얼마 전에 세례 요한이 정의를 외치다가 헤롯의 칼에 죽었을 때도 아무 반응이 없던 민중이었다. 그런 사람들이 도시락 사건으로 갑자기 반군이 되기로 했다는 것은 어불성설이다. 따라서 그때 거기에는 누구도 믿기 힘든 엄청난 사건이 일어났음에 틀림없다.

그러면 이제 이 신비한 기적 속으로 들어가 보자. 설교자들은 종종 이 사건을 물질의 복과 연관시킨다. 오병이어의 주인이었던 한 아이(요 6:9)에 주목하고, 작은 것을 기꺼이 바치면 크게 불어나는 복을 얻어 남은 조각도 열두 바구니에 넘칠 것이라고 가르친다. 살짝 자신 없는 설교자는 조금 축소해서, 예수님이 무리를 먹이신 것처럼 우리의 먹고사는 문제를 책임지실 것이라고 말한다. 결론부터 말하면 오병이어의 기적은 그런 물질적인 것과 아무 상관이 없다.

기적의 발단은 이렇다. 예수님은 자신을 따르는 큰 무리를 보시고 "목자 없는 양 같음으로 인하여 불쌍히 여기사"(막 6:34; 참조. 마 9:36) 가르침을 베푸셨다. 여기 나온 "목자 없는 양"이란 육신이 배고픈 상태가 아니다. 양은 자기방어 능력이 없기 때문에 목자가 없으면 유리방황하다 천적의 손에 죽는다. 따라서 이 표현은 인간의 영혼이 버려진 상태이고 그로 인해 죽을 수밖에 없는 운명임을 담고 있다. 그래서 예수님은 이 무리에게 떡이 아니라 말씀부터 베푸셨다(막 6:34).

오병이어는 주님의 이러한 인간 인식에서 출발해야 한다. 인간의 슬픈 운명과 영적인 구원이 발단이었다. 그러므로 이들에게 주신 떡과 생선은 육신의 음식을 상징할 수 없다. 인간의 육신을 온전히 채울 음식은 세상에 없다. 우리가 평생 먹는 쌀과 반찬을 합하면 트럭으로 몇 대 분량일까? 오늘도 우리는 위장을 채우기 위해 뛰고 땀 흘리며 살아간다. 하지만 과연 이 노력이 성공할까? 아니다. 우리는 먹기 위해 뛰다가 결국 죽는다. 이 작은 위는 끝내 밑 빠진 독이다. 그렇게 육신을 채우려다 결국 실패하고 죽는 존재, 그것이 바로 목자 없는 양이요 우리의 현존이다.

따라서 오병이어는 육체가 아닌 영혼의 양식을 상징한다. 이것을 밝히려고 성경 여기저기를 뒤질 필요가 없다. 요한복음에 충분한 설명이 나오기 때문이다. 다른 복음서와 달리 요한복음은 기적이 있은 다음 날 사건을 소상히 보도한다. 전날 기적을 체험한 사람들과 그들의 소문을 듣고 놀란 사람들이 엄청나게 몰려왔다. 그런데 주님의 첫 말씀이 너무 예상 밖이다.

> 너희가 나를 찾는 것은 표적을 본 까닭이 아니요 떡을 먹고 배부른
> 까닭이로다. 썩을 양식을 위하여 일하지 말고 영생하도록 있는 양식
> 을 위하여 하라. 이 양식은 인자가 너희에게 주리니(요 6:26-27).

예수님은 오병이어를 '떡 먹고 배부른' 것으로 이해하면 안 된다
고 단언하셨다. 그것은 표적을 곡해하는 것이다. 이 말씀에 비춰 볼
때 오병이어는 결코 물질의 축복과 결부될 수 없다. 예수님이 이를
엄히 금하셨다. "썩을 양식"은 뜻을 살려 번역하면 '멸망시키는 양
식'이다. "썩을"에 해당하는 헬라어 '아폴뤼미'는 본래 '멸망시키다'
는 뜻이고 "그를 믿는 자마다 **멸망**하지 않고"(요 3:16)라는 구절에도
사용되었다. 예수님은 지금 육체를 탐닉하는 자의 운명을 말씀하신
다. 육신의 떡은 결국 멸망의 떡이다. 이와 대치되는 "영생하도록 있
는 양식"은 직역하면 '영원 속에 머무는 양식'이다. 즉 '영생의 양식'
이다. 결국 예수님은 '멸망의 양식'과 '영생의 양식'을 사람들에게
제시하신다.

육신의 양식은 심지어 하늘의 축복처럼 내려와도 멸망만 가져다
준다. 그래서 주님은 말씀하셨다. "너희 조상들은 광야에서 만나를
먹었어도 죽었거니와"(요 6:49). 광야의 만나는 하늘의 복이요 이스
라엘의 자부심이었다. 하지만 그 역시 진짜 생명을 주지 못한다. 육
을 위한 모든 것의 결론은 파멸이다. 참 생명은 오직 '생명의 양식'
을 통해 주어진다. 오병이어는 이 생명의 양식의 상징이다. 오직 예

수님만 이 양식을 주실 수 있다(요 6:27). 왜냐하면 예수님 자신이 곧 생명의 떡이시기 때문이다. "내가 곧 생명의 떡이니라. … 사람이 이 떡을 먹으면 영생하리라. 내가 줄 떡은 곧 세상의 생명을 위한 내 살이니라"(요 6:48, 51).

여기서 오병이어의 정체가 드러난다. 주님이 주신 오병이어는 십자가에서 찢기고 흘리신 그분의 살과 피를 상징한다. 그래서 다시 이렇게 말씀하신다. "내 살을 먹고 내 피를 마시는 자는 내 안에 거하고 나도 그의 안에 거하나니 … 이 떡을 먹는 자는 영원히 살리라"(요 6:56-58). 이로써 모든 것이 다 드러났다. 오병이어의 기적은 예수님의 십자가의 살과 피를 세상의 썩을 양식보다 귀히 받아들여 자기의 살과 피로 만드는 것이다. 십자가의 복음을 믿고 따르면 영생을 얻는다는 말이다. 그러니 결코 인간의 배를 위한 물질의 복으로 읽으면 안 된다. 영적인 복음이 오병이어의 본질이다. 그래서 사건의 말미에 이런 선언이 이어진다. "살리는 것은 영이니 육은 무익하니라. 내가 너희에게 이른 말은 영이요 생명이라"(요 6:63).

그래도 우리는 여전히 육신에 매달린다. 당시 예수님께 몰려왔던 사람들도 그랬다. 오병이어가 떡 먹고 배부른 것인 줄 알고 주님을 찾아 헤매던 이들이 참된 의미를 듣고는 이렇게 수군거린다. "이 말씀은 어렵도다. 누가 들을 수 있느냐"(요 6:60). 그리하여 "그때부터 그의 제자 중에서 많은 사람이 떠나가고 다시 그와 함께 다니지 아니하더라"(요 6:66)고 성경은 증언한다.

많은 사람들이 교회로 몰려오던 때가 있었다. 그 바탕에는 이들처럼 예수님을 통해 육신의 욕구를 채울 수 있다는 희망이 분명히 있었다. 하지만 지금 많은 이들이 교회를 떠나고 있다. 어쩌면 그리 나쁜 현상이 아닐 수도 있다. 드디어 성경의 올바른 의미가 선포되기 시작했다고도 볼 수 있기 때문이다.

예수님은 많은 이들이 떠나는 것을 보시면서 이미 열두 제자에게 "너희도 가려느냐"(요 6:67) 하고 물으셨다. 그러자 베드로는 "영생의 말씀이 주께 있사오니 우리가 누구에게로 가오리이까"(요 6:68)라고 대답했다. 우리도 베드로처럼 영생의 말씀에 집중하며 신앙생활을 해야 한다. 살리는 것은 영이요 육은 무익하다는 주님의 애타는 목소리에 집중해야 한다. 믿음을 지키는 중에 오는 육신의 손해와 고단함에 흔들려서는 안 된다. 예수님은 이미 오병이어가 그런 뜻이 아니라고 소상히 다 밝히셨다.

기독교 신앙의 본질은 무엇인가? 주님의 살과 피 곧 십자가의 복음이다. 우리는 이 순수한 복음만으로 세상과 마주해야 한다. 어설픈 물질의 복 타령으로 본질을 흐려서는 안 된다. 오직 생명의 양식 되신 예수님의 살과 피만이 모든 것의 모든 것이어야 한다. 물질적인 욕구에 허기진 세상의 눈에는 이 복음이 미약해 보이는 것도 사실이다. 마치 기적의 시작점에서 안드레가 "그것이 이 많은 사람에게 얼마나 되겠사옵나이까"(요 6:9)라고 고백했듯이 말이다.

하지만 주님은 결코 그렇지 않음을 보여 주셨다. 이것이 오병이어에 담긴 또 다른 교훈이다. 오병이어에 참여한 무리의 규모를 보라. "떡을 먹은 남자는 오천 명이었더라"(막 6:44). 여성과 아이들까지 합쳐서 대략 일만 명이라고 하자. 일만 명이 한자리에 모인 것을 본 적이 있는가? 이것은 엄청난 숫자다.

그런데 주님은 무리를 다시 독특한 형태로 앉히셨다. 이들을 "백명씩 또는 오십 명씩"(막 6:40) 떼로 나눠 앉히셨다. 그냥 빽빽이 모이기만 해도 엄청난데 넓게 펼치셨으니 규모가 수십 배로 증가했을 것이다. 게다가 유대인의 식사 자세는 독특하다. 성경 각주에 나오듯이 우리나라 옛날 대감들처럼 비스듬히 '기대어 누운 자세'로 먹는다(마 8:11, 14:19 각주 참조).

이런 자세로 둘러앉으면 각 그룹은 원형에 가까운 형태였을 것이다. 매스게임처럼 정교한 원은 아니었겠지만 100명이면 원이 100개고 50명이면 200개다. 평균 잡아 대략 150개 정도의 대형 원들이 들판에 펼쳐진다. 한눈에 다 파악하기도 힘든 규모다. 지금 같으면 드론을 높이 올려야 전체를 다 담을 수 있었을 것이다.

그렇다면 이 인원이 배부르게 먹고 남을 떡과 생선은 어느 정도 양일까? 한 사람이 먹을 분량을 약 300그램으로 잡는다면 일만 명이면 3천 킬로그램, 즉 3톤 무게가 된다. 흔히 보는 1톤 트럭 세 대 분량이다. 이 정도 음식을 사려면 제자들의 계산에 따르면 "이백 데나리온"이 필요했다(막 6:37). 한 데나리온은 노동자의 하루 품삯인데, 오늘날로 대략 15만 원 잡으면 총 3천만 원이 넘는다. 한 끼 식사비로는 엄청난 액수다.

따라서 예수님이 "너희가 먹을 것을 주라"(막 6:37) 하신 순간, 제자들은 무척 당황했을 것이다. 자신들이 가지고 있는 떡 다섯 개와 물고기 두 마리는 무리를 먹이기에 턱없이 부족했다. 주님이 시각적으로 무리의 규모를 더 확장시키셨기에 더더욱 막막했을 것이다. 하지만 예수님은 기어이 오병이어로 그 큰 무리가 충분히 먹고도 열두 바구니가 남는 것을 체험하게 하셨다.

이것은 앞으로 복음을 들고 세상 앞에 설 제자들을 위한 시청각 교육이었다. 거대한 무리 앞에 고작 오병이어를 들고 선 열두 제자는 '교회'를 상징한다. 교회의 손에 들린 것은 영적인 십자가의 복음뿐이다. 그런데 이 복음이 온 세계를 먹이고도 남을 양식이 되었다. 실제로 사도들은 온몸으로 이 기적을 체험하였다. 예루살렘에서 시작된 복음의 파도는 온 세상을 적시고 지금은 아시아의 이방인인 우리까지 하나님의 자녀로 만들었다.

따라서 사도들은 땅 끝까지 이르러 내 증인이 되라 하신 주님의 명령을 상기할 때마다 이 기적의 들판을 떠올렸을 것이다. 그리고 자기 손에 들린 오병이어 곧 생명의 복음이 온 땅을 넉넉히 구원할 것을 믿어 의심치 않고 용기를 냈을 것이다. 이것은 사도행전의 베드로의 고백에서 확인된다. 그는 성전 미문에 앉은 앉은뱅이 걸인을 향해 자신 있게 외쳤다.

> 은과 금은 내게 없거니와 내게 있는 이것을 네게 주노니 나사렛 예수 그리스도의 이름으로 일어나 걸으라(행 3:6).

성령 충만한 베드로는 오직 복음만이 참된 생명의 양식임을 믿어 의심치 않았다. 우리도 이 정신으로 다시 돌아와야 한다.

신약학자 F. F. 브루스는 그의 사도행전 주석(*The Book of Acts*)에서 중세 신학자 코넬리우스 아 라피데(Cornelius a Lapide)의 글을 인용하여 다음과 같은 일화를 소개한다. 이노센트 2세 교황이 엄청난 돈을 세고 있을 때 토마스 아퀴나스가 방문했다. 교황은 그를 보고 말했다. "보시오, 토마스. 교회는 더 이상 '은과 금은 내게 없으니'라고 말할 필요가 없어졌어요." 그러자 토마스가 말했다 "옳습니다, 교황님. 하지만 교회는 이제 '일어나 걸으라'고도 말할 수 없어졌습니다."

  교회는 더 이상 오병이어의 기적을 은금의 이야기로 바꿔 전하면 안 된다. 예수님의 간곡한 명령이시다.

칠병이어

칠병이어는 오병이어의 재탕일까

> 예수께서 무리를 명하여 땅에 앉게 하시고 떡 일곱 개를 가지
> 사 축사하시고 떼어 제자들에게 주어 나누어 주게 하시니 제자
> 들이 무리에게 나누어 주더라. 또 작은 생선 두어 마리가 있는지
> 라. 이에 축복하시고 명하사 이것도 나누어 주게 하시니.
>
> 마가복음 8:6-7

예수님은 오병이어의 기적을 행하시고 얼마 지나지 않아 비슷한 기
적을 다시 보이셨다. 이른바 '칠병이어' 사건으로, 떡 일곱 개와 물고
기 두 마리로 4천 명을 먹이신 기적이다. 오늘날 오병이어에 대한 설
교는 많지만 칠병이어에 대한 설교는 드물다. 오병이어 사건과 유사
해서 일종의 아류작처럼 여겨 그에 담긴 메시지 역시 오병이어와 같
을 것으로 인식하기 때문이다. 그런데 결코 그렇지 않다. 예수님이
칠병이어 사건을 보여 주신 것은 오병이어와 전혀 다른 새로운 가르
침이 있기 때문이다.

칠병이어의 기적은 마태복음과 마가복음에 등장한다. 두 복음서
의 서술은 거의 유사한데 마가복음이 좀 더 자세하니 이를 중심으로

살펴보자.

'오병이어'(막 6:30-44)와 '칠병이어'(막 8:1-10)를 비교하면 확연한 차이점이 보인다. 가장 눈에 띄는 것은 '시간의 차이'다. 오병이어의 기적은 하루 중 한나절 사이에 있었던 사건이다. 사건의 시작점인 "오고 가는 사람이 많아 음식 먹을 겨를도 없음이라"(막 6:31)는 기록은 대략 점심때를 말하는데, 오병이어의 기적이 일어난 것은 그날 늦은 오후 그러니까 "때가 저물어"(막 6:35) 갈 때쯤이었다.

그렇다면 오병이어 사건을 체험한 무리는 예수님과 오후 한나절, 기껏 네다섯 시간을 함께한 사람들이다. 그들은 기적을 체험하고 그 저녁에 자신의 집으로 돌아갔다. 더구나 요한복음은 이들이 다음 날 다시 몰려왔지만, 오병이어의 참된 의미를 듣고 "많은 사람이 떠나가고 다시 그와 함께 다니지 아니하더라"(요 6:66)고 기록한다.

칠병이어 사건을 경험한 무리는 이들과 다르다. 예수님은 이 사람들에 대해 "나와 함께 있은 지 이미 사흘이 지났으나"(막 8:2)라고 말씀하신다. 즉, 이 무리는 예수님과 사흘 동안 야외에서 시간을 같이 보낸 사람들이다. 한나절과 사흘은 전혀 다르다. 당일치기 여행과 2박 3일 여행은 준비하는 자세와 내용이 다르다. 따라서 이들은 이전의 오병이어 무리보다 주님과 훨씬 가까운 친밀감을 보여 주고 있다.

또 두 사건 사이에는 '공간적인 차이'가 존재한다. 오병이어 사건은 "빈 들"(막 6:35)에서 이루어졌다. "빈 들"로 번역된 헬라어 '에레모스'는 외딴 장소를 뜻하지만, 그렇다고 황량한 사막은 아니다. 기적을 체험할 때 이들은 "푸른 잔디 위에" 앉아 있었다(막 6:39). 즉, 거기는 모래사막이 아니라 식물이 자랄 수 있는 땅이었다. 게다가 제자들은 "무리를 보내어 두루 촌과 마을로 가서 무엇을 사 먹게 하옵소서"(막 6:36)라고 말씀드린다. 이 말은 그 빈 들 가까이에 상점이나 식당이 있었다는 뜻이다.

하지만 칠병이어 사건은 다르다. 이 사건의 배경은 "광야"(막 8:4)였다. 광야를 지칭하는 헬라어 단어는 '에레미아'인데, 정말 아무것도 없는 광야 사막을 의미한다. 그래서 예수님은 "그들을 굶겨 집으로 보내면 길에서 기진"할 것이라고 염려하셨다(막 8:3). 돌아가는 길에도 한참 동안 먹을 것을 구하지 못할 만큼 깊은 사막이라는 뜻이다. 그래서 제자들은 오병이어 때와 달리 "이 광야 어디서 떡을 얻어 이 사람들로 배부르게 할 수 있으리이까"(막 8:4)라고 말한 것이다.

이상과 같은 시간과 공간의 차이를 통해 칠병이어의 무리는 오병이어 때와 달리 예수님과 굉장히 먼 길을 동행했음이 드러난다. 사흘이나 생계를 팽개치고 먹을 것도 없는 사막까지 따라온 이들은 자기를 내려놓고 예수님을 좇는 성숙한 제자의 모습이다. 주님과 함께 있는 기쁨을 위해 세상을 포기하고 고통을 감내할 줄 아는 이들이다.

이것은 '숫자의 차이'를 통해서도 가늠할 수 있다. 오병이어 사건에서 "남자는 오천 명"(막 6:44)이라고 했지만, 칠병이어 사건에서는 "사람은 약 사천 명"(막 8:9)이라고 표현한다. 물론 마태복음에서는 "여자와 어린이 외에 사천 명"(마 15:38)이라고 언급하지만, 마가복음은 굳이 이 표현을 쓰지 않고 '약'(호스)이라는 말까지 붙여서 오병이어의 숫자와 차이를 부각시키고 있다. 만약 두 사건의 메시지가 같다면 이런 식의 축소를 피했을 것이다. 겉으로만 보면 나중에 발생한 칠병이어가 오병이어보다 맥 빠지는 느낌을 주기 때문이다. 그럼에도 축소를 강화한 것은 둘 사이에 다른 메시지가 있다는 증거다.

마가가 칠병이어에서 적은 수를 강조한 것은 퇴보가 아니라 진보를 보여 주는 장치다. 대부분 그렇듯이 진짜는 가짜보다 늘 소수다. 칠병이어의 주인공들은 이전의 어중이떠중이가 아니라 진심으로 주님을 따르던 무리였다. 오병이어가 일반에게 내리신 은혜라면 칠병이어는 진실한 제자들에게 주신 특별한 은혜였다는 뜻이다.

정말 중요한 것은 두 기적 사이에 존재하는 '주도권의 차이'다. 오병이어 사건에는 예수님이 무리의 배고픔을 직접 걱정하시는 장면이 없다. 무리가 배고플 것이라는 생각도 제자들에게서 나온 것이다(막 6:35). 하지만 칠병이어에서 예수님은 '직접' 무리의 배고픔을 염려하신다. 자기를 따라 깊은 광야에서 사흘이나 시간을 보낸 무리를 보시고 주님은 "내가 무리를 불쌍히 여기노라"(막 8:2)고 말씀하셨다.

오병이어에서 예수님이 무리를 불쌍히 여기신 이유는 그들이 "목자 없는 양" 같았기 때문이다(막 6:34). 이미 보았듯이 이것은 육신의 배고픔이 아니라 영혼에 대한 염려이셨다. 하지만 칠병이어에서의 불쌍히 여기심은 전혀 다르다. 주님은 순수하게 '그들이 먹을 것이 없다'(막 8:2)는 이유로 불쌍히 여기셨다. 육신의 배고픔을 안타깝게 여기신 것이다.

여기서 우리는 중요한 결론에 도달할 수 있다. 오병이어의 무리에게 가장 필요했던 것은 영적인 복음이었다. 하지만 칠병이어의 무리는 이미 이 복음을 깨닫고 주님과 함께 '깊은 경지'까지 들어온 영적인 사람들이다. 주님을 따르기 위해 자기를 포기하고 광야 깊은 곳까지 동행한 사람들이다. 그런 성도들이 육신보다 말씀을 갈구하자 예수님이 오히려 그들의 배고픔을 염려하셨다.

심지어 성경은 주님께서 이들 각자의 사정을 잘 알고 계신다고 말한다. 예수님은 "그중에는 멀리서 온 사람들도 있느니라"(막 8:3)고 말씀하셨다. 여기서 우리는 제자들의 형편을 세심히 염려하시는 예수님을 발견한다. 이것은 산상수훈과 일치한다. 주님은 자기를 따르는 사람들에게 "목숨을 위하여 무엇을 먹을까 무엇을 마실까 몸을 위하여 무엇을 입을까 염려하지 말라"(마 6:25) 하시면서 "이는 다 이방인들이 구하는 것이라. 너희 하늘 아버지께서 이 모든 것이 너희에게 있어야 할 줄을 아시느니라"(마 6:32)고 가르치셨다. 그리고 놀라운 약속을 보태신다. "그런즉 너희는 먼저 그의 나라와 그의 의를 구하라. 그리하면 이 모든 것을 너희에게 더하시리라"(마 6:33).

끝으로 두 사건의 하이라이트는 그 거둔 것에서 드러난다. 오병이어에서 남은 것은 "열두 바구니"(막 6:43)였다. 그런데 칠병이어에서는 "일곱 광주리"(막 8:8)다. 얼핏 오병이어가 더 많은 것 같지만 여기서 말하는 바구니와 광주리는 전혀 다르다.

헬라어로 '코피노스'라고 불리는 '바구니'는 일반적으로 손에 들고 다니는 작은 소쿠리를 의미한다. 이에 비해 '광주리'로 번역된 '스퓌리스'는 굉장히 큰 용기를 지칭한다. 이 단어는 사도행전에도 나오는데 "제자들이 밤에 사울을 **광주리**에 담아 성벽에서 달아 내리니라"(행 9:25)라는 구절에서 이 '광주리'가 바로 스퓌리스다. 그러니까 어른 한 사람이 들어갈 만큼 크고 튼튼한 것으로 바구니와는 상대가 안 되는 크기다.

결국 칠병이어는 복음을 믿고 광야 같은 길도 기꺼이 따라가는 사람들을 주님이 큰 사랑으로 돌보실 것이라는 약속이다. 오병이어가 '생명의 떡'에 관한 것이라면 칠병이어는 '이 생명의 길 위에 선 제자들을 먹이고 이끄시겠다는 약속'이다. 오병이어의 비밀을 아는 우리는 이제 칠병이어의 경지로 들어가야 한다.

다윗의 자손 그리스도
예수 그리스도는 다윗의 자손일까

사람들이 어찌하여 그리스도를 다윗의 자손이라 하느냐.

누가복음 20:41

제목을 보고 의아해할 분도 있을 것이다. 예수 그리스도는 당연히 다윗의 자손이지 거기 무슨 의문이 필요하냐고 말이다. 표면상은 맞다. 예수님은 인간 혈통상 다윗의 자손이셨다. 신약성경도 이렇게 시작한다. "아브라함과 다윗의 자손 예수 그리스도의 계보라"(마 1:1). 그래서 우리는 예수님을 '다윗의 자손'이라 부르는 데 별 거부감이 없고, 나아가 합당하고 좋은 호칭으로 여긴다. 대부분의 설교도 이 호칭을 긍정적으로 해석한다. 직접 들은 두 개의 설교를 예로 들어 보겠다.

첫 설교는 마태복음의 두 맹인에 대한 것이었다. 설교자는 이들이 예수님을 가장 먼저 다윗의 자손이라 고백했기에(마 9:27) 매우 통찰력 있는 신앙인이라고 칭찬했다. 이들의 깨달음이 아주 중요한 신앙고백이라는 것이다. 두 번째 설교는 좀 독특한데, 다윗이 압살롬을 피해 도망갈 때 시므이가 나타나 비난했지만 그냥 넘어간 이유로 그의 온유와 겸손함을 들었다. 이어서 바디매오가 예수님을 다윗의 자손으로 고백할 때(막 10:47) 온유하고 겸손하신 예수님도 그를 불쌍히 여기셨다고 했다. 그러고 나서 이처럼 다윗의 자손이란 개념 속에는 온유와 겸손이 가득하다고 결론지었다.

과연 이런 설교가 가능할까? 다윗이 온유하고 겸손해서 시므이를 용서했다는 것이 옳은 내용인가? 매우 편향적인 시각이다. 비록 다윗이 그 자리에서는 시므이를 그냥 두었지만, 다윗은 죽기 전 솔로몬에게 시므이의 이름과 집안까지 거론하면서 "그를 무죄한 자로 여기지 말지어다. … 그의 백발이 피 가운데 스올에 내려가게 하라"(왕상 2:9)고 명령한다. 섬뜩한 유언이다. 이것은 다윗이 시므이를 평생 응어리로 품고 살았다는 증거다. 이렇게 결론이 난 사건을 가지고 온유와 겸손을 말하기는 힘들다.

설교자는 그럴듯한 깨달음이 번뜩여도 섣불리 말해서는 안 된다. 관련 구절들을 최대한 찾고 검증해야 한다. 그렇게 해도 허술하여 구멍이 나는 경우가 많다. 만약 이 설교를 들은 청년이 찾아와서 "그러면 다윗은 왜 솔로몬에게 시므이를 죽이라고 유언했나요?"라고 물으면 뭐라고 답할 것인가? 왜 마귀처럼 따지고 교회에 분란을 일으키느냐며 쫓아낼 것인가? 지금 젊은이들이 교회를 떠나고 세상이 교회를 손가락질하는 이유는 이런 행태의 결과다. 과장이 아니라는 사실을 아는 사람은 알 것이다.

성경을 제대로 보면 예수님을 다윗의 자손으로 함부로 칭할 수 없다. 이유는 간단하다. 당사자인 예수님이 그것을 원하시기 때문이다. 주님은 공식적으로 '그리스도는 다윗의 자손이 아니다'라고 발표하셨다. "다윗이 그리스도를 주라 칭하였은즉 어찌 그의 자손이 되겠느냐"(마 22:45; 참고. 막 12:37; 눅 20:44). 이 선언은 공관복음 세 권에 모두 등장하는데, 이 말씀에 바리새인들은 "한마디도 능히 대답하는 자가 없"이(마 22:46) 꿀 먹은 벙어리가 되었다.

혹자는 요한복음에 이 선언이 없다고 지적할지 모른다. 하지만 거기는 더 살벌한 가르침이 나온다. 공관복음은 최소한 인간의 족보상으로는 예수님이 아브라함과 다윗의 자손이라고 인정한다. 하지만 요한복음의 예수님은 "아브라함이 나기 전부터 내가 있느니라"(요 8:58)고 선언하신다. 이것은 공관복음을 뛰어넘는 철저한 거부다. 이처럼 네 권의 복음서가 모두 그리스도가 다윗의 자손이 아님을 강조하고 있다. 그러니 이제 우리도 그만 우겨야 한다. 믿음은 진리를 따르는 것이지 고집과 편견을 고수하는 것이 아니다.

그러면 왜 예수님이 다윗의 자손이 아닌지 살펴보자. 예수님은 이렇게 설명하셨다. "다윗이 그리스도를 주라 칭하였은즉 어찌 그의 자손이 되겠느냐"(마 22:45). 이 가르침 속에는 예수님의 선재성(先在性)이 들어 있다. 다윗이나 아브라함이 태어나기 전에 이미 예수님은 존재하셨다. 그분은 초월적 존재다. 혈통과 집단에 속한 분이 아니라, 오히려 그 모두를 창조하신 분이다. 그래서 요한복음은 이렇게 선언한다. "만물이 그로 말미암아 지은 바 되었으니 지은 것이 하나도 그가 없이는 된 것이 없느니라"(요 1:3).

기독교는 유대교가 아니다. 유대인의 성경은 옛 언약, 즉 구약이다. 엄밀히 말해 예수님은 유대인의 메시아가 아니다. 기독교의 예수님은 창조주 하나님이시다. 이것이 우리 신앙의 핵심이다. '기독'(基督), 즉 '그리스도'를 하나님으로 믿는 종교라는 말이다. 기독교인 중에 이 사실을 망각하는 사람이 많다. 스스로를 유대인의 후예처럼 인식하고 유대 전통 안에서 기독교를 해석하려고 한다. 심지어 학자들 중에도 이런 생각을 신선한 것처럼 주장한다.

하지만 예수님은 이 모두가 그릇되었음을 이미 밝히셨다. 예수님은 다윗의 자손이 아니고 오히려 "다윗이 그리스도를 주라 칭하였"다(마 22:45). 주(主)란 말 그대로 주인님이라는 뜻이다. 그리스도는 다윗에게 주님으로 섬김받은 분이다. 다윗의 기도와 찬양의 대상이셨다. 본래 그 대상은 누구인가? 여호와 하나님이시다. 따라서 예수님은 여호와 하나님과 동일하신 분이다. 이것을 믿는 것이 기독교다. 그래서 예수님은 그리스도가 "어찌 그의 자손이 되겠느냐"(마 22:45)고 되물으신 것이다.

아직도 의문이 드는 분이 있을 것이다. 그렇다면 예수님이 다윗의 자손이라는 고백이 왜 성경에 이토록 자주 등장하느냐고 말이다. 여기서부터 제대로 된 성경 읽기가 필요하다. 복음서의 기자들은 예수님을 어떡하든지 잘 전하려고 심혈을 기울였다. 따라서 글을 쓸 때 최대한 드라마틱한 강조기법들을 담았다. 이것은 글 쓰는 사람에게 당연한 시도다. 따라서 성경은 겉만 핥으면 안 된다. 기록자의 의도까지 느끼며 읽어야 한다. 그러면 하나님의 의도에 더 깊이 다가갈 수 있다. 하나님이 저자들에게 영감을 부어 주셨으므로 그들의 의도는 곧 하나님의 의도다. 이제부터 이것을 의식하며 본문을 살펴보자.

마태복음의 '확장시켜' 폭파하기

위에서 예로 든 설교가 기억나는가? 마태복음에서 두 맹인이 가장 먼저 예수님을 다윗의 자손이라 불렀기 때문에 훌륭한 신앙인이라는 주장 말이다. 이것은 마태의 기록을 편협하게 본 결과다. 마태가 두 맹인에게 이 고백을 가장 먼저 하게 한 것은 색다른 의도다. 마태복음에는 예수님을 다윗의 자손이라고 부르는 장면이 총 여섯 번 나온다. 맨 먼저 부른 자는 "두 맹인"(마 9:27)이었고, 그다음에 "무리"(마 12:23), "가나안 여자"(마 15:22), 또 다른 "맹인 두 사람"(마 20:30), 예루살렘 입성 때의 "무리"(마 21:9), 그리고 "어린이들"(마 21:15)이었다.

이들이 '다윗의 자손'을 고백할 때 예수님은 아무 반응이 없으셨다. 그래서 우리는 예수님도 이 호칭에 동의하셨다는 착각을 하게 된다. 하지만 이것은 마태의 의도를 잘못 읽은 것이다. 예수님의 무반응은 뒤에 나올 반전을 위한 침묵이다. 본래 반전은 당연해 보이는 것들이 차곡차곡 쌓여 한꺼번에 뒤집혀야 효과가 크다. 성경을 토막토막 읽으면 이것을 제대로 감지하기 힘들다. 통째로 성경을 읽어야 제대로 깨닫는데, 특히 복음서는 본래부터 한 덩어리의 이야기다.

두 맹인이 처음 예수님을 '다윗의 자손'이라 고백한 장소는 갈릴리였다. 그들은 고침을 받고 "나가서 예수의 소문을 그 온 땅에" 퍼뜨렸다(마 9:31). 당연히 온 갈릴리에 예수님이 '다윗의 자손'이라는 소문이 퍼졌을 것이다. 그리고 얼마 후 같은 갈릴리에서 예수님이 "귀신 들려 눈멀고 말 못 하는 사람"(마 12:22)을 치료하셨을 때, "무리가 다 놀라 이르되 이는 '다윗의 자손'이 아니냐"(마 12:23)라고 다시 고백했다. 이로써 예수님이 다윗의 자손이라는 소문은 온 갈릴리 구석까지 더욱 널리 퍼졌을 것이다. 그런데 잠시 후 두로와 시돈 지방에서 만난 가나안 여자도 주님께 "다윗의 자손이여, 나를 불쌍히 여기소서"(마 15:22) 하고 외치는 장면이 나온다. 이로써 예수님이 다윗의 자손이라는 고백은 갈릴리 넘어 이방 지역까지 확대되었다.

이런 상황에서 마태는 주님께서 이제 "갈릴리를 떠나 요단강 건너 유대 지경에 이르시니 큰 무리가 따르거늘"(마 19:1-2)이라고 말한다. 우리말 성경에 '이르시니 따르거늘'이라고 번역해서 마치 유대 지경의 무리만 모인 것처럼 보이나 사실 무리는 이전 갈릴리에서부터 따라오고 있었다. 즉 이 '큰 무리'는 갈릴리의 무리에 유대 지경에서 합류한 무리가 더해진 것이다. 예수님은 "예루살렘으로 올라가려 하실"(마 20:17) 작정이셨고, 당시는 유월절을 앞둔 상황이어서 이 무리의 인파는 예루살렘을 향해 계속 퍼져 나갔다.

그리고 마침내 예루살렘의 관문인 여리고를 통과했다. "그들이 여리고에서 떠나갈 때에 큰 무리가 예수를 따르더라"(마 20:29). 이 큰 무리는 더욱 거대하게 확장된 숫자가 분명하다. 그런데 이때 또 '맹인 두 사람'이 나타나 예수님께 "다윗의 자손이여"(마 20:31)를 외치고 치료받은 후, 그들도 예수님을 따르기 시작했다(마 20:34). 여기서 마태의 의도가 드러난다. 예수님을 따라 예루살렘으로 가는 무리는 날로 거대해져 전국구화되는 중인데, 이 무리의 신앙의 핵심이 바로 '예수님은 다윗의 자손'이라는 것이다.

이 모습은 예루살렘 입성 장면에서 명확히 입증된다. 예수님이 드디어 예루살렘에 들어가실 때 거대한 무리는 "소리 높여 … 호산나

다윗의 자손이여 찬송하리로다"(마 21:9)를 신이 나서 외쳤다. 이 고백은 사실 다른 복음서에는 나오지 않는다. 오직 마태복음에만 이 장면에서 무리들이 예수님을 '다윗의 자손'으로 고백한다. 이 역시도 당시 무리의 신앙고백이 그리스도는 '다윗의 자손'임을 생생히 보여준다.

그런데 이 분위기의 정점에 드디어 반전의 폭탄이 투하된다. 무리를 이끌고 예루살렘 성전에 들어가신 예수님은 뜬금없이 '그리스도가 누구의 자손이냐'는 질문을 던지셨다. 사람들은 너무 쉬운 질문이라 당황했을 것이다. 당연히 다윗의 자손이고 지금껏 이를 외치며 여기까지 따라오지 않았던가. 하지만 주님은 폭탄선언을 하신다. "다윗이 그리스도를 주라 칭하였은즉 어찌 그의 자손이 되겠느냐"(마 22:45). 이것이 마태가 의도한 다윗의 자손 스토리의 전개방식이다. 따라서 예수님을 다윗의 자손으로 가장 먼저 고백한 두 맹인은 통찰력 있는 신앙인이 아니라 잘못된 고백을 전국적으로 확산시키는 시발점 역할을 한 것이다.

이런 구도를 염두에 두면 여섯 번째로 등장한 어린이들의 '다윗의 자손' 고백도 이해가 간다. 대제사장들과 서기관들이 "호산나 다윗의 자손이여" 하는 어린이들을 보고 노하였을 때(마 21:15) 예수님은 이렇게 말씀하셨다. "어린 아기와 젖먹이들의 입에서 나오는 찬미를 온전하게 하셨나이다 함을 너희가 읽어 본 일이 없느냐?"(마 21:16) 이 말씀은 일견 어린이들의 이 고백이 옳다고 인정하신 듯 보인다. 하지만 그렇지 않다.

이 말씀 속에는 그들의 고백이 온전하지 못하다는 전제가 들어 있다. '온전하게 하셨다'로 번역한 '카타르티조'는 본래 '고치다'라는 뜻이다. 즉 예수님은 자신을 따라온 무리나 어린이들의 고백이 여전히 젖먹이 수준이고 더 바르게 고쳐져야 한다고 말씀하신 것이다. 그 후에 나온 것이 바로 '그리스도는 다윗의 자손이 아니다'(마 22:41-46)라는 선언이었다.

이 선언에 무리는 얼마나 놀랐을까? 호산나 다윗의 자손을 외치던 그들은 집단 멘붕에 빠졌을 것이다. 동시에 50여 년쯤 후, 마태복음을 읽던 독자들도 엄청난 반전을 느꼈을 것이다. 이 반전은 곧 예수님의 진실한 정체를 그들의 뼈에 각인시켰음이 분명하다. '예수님은 유대인들이 바라던 그 메시아가 아니셨구나. 다윗의 자손은커녕 다윗이 섬기던 선재초월하신 하나님이시구나. 이것을 깨닫는 것이 올바른 신앙이구나' 하고 말이다. 이 목표를 위해 마태는 다윗의 자손이라는 고백을 솜씨 있게 여기까지 끌고 온 것이다.

이 모두는 그토록 다윗의 자손을 외치며 따라왔던 무리가 결국 바라바를 선택하고 예수님은 "십자가에 못 박혀야 하겠나이다. … 그 피를 우리와 우리 자손에게 돌릴지어다"(마 27:23, 25)라고 외치는 장면에서 섬뜩한 종지부를 찍는다. 예수님을 다윗의 자손으로 고백하는 신앙이 얼마나 헛된 것인지 보여 주는 또 다른 반전이기 때문이다.

마가복음의 '집중시켜' 폭파하기

또 다른 흥미로운 이야기를 시작하겠다. 마가복음은 마태와 전혀 다른 방식을 사용하면서도 절묘하게 동일한 효과를 내고 있다. 마가복음에는 사람들이 예수님을 다윗의 자손으로 고백하는 장면이 딱 한 번 나온다. 오직 여리고의 맹인 바디매오만 예수님을 "다윗의 자손 예수여"(막 10:47)라고 고백한다. 여기서 바디매오는 매우 긍정적인 모습이다. 사람들의 꾸짖음에도 주눅 들지 않고 주님을 찾으며(막 10:48), 유일한 재산인 "겉옷을 내버리고 뛰어 일어나 예수께 나아"온다(막 10:50). 그리고 주님이 "가라. 네 믿음이 너를 구원하였느니라"(마 10:52)고 하셨음에도 가지 않고 "예수를 길에서" 따랐다(마 10:52).

이처럼 바디매오는 마가복음의 다른 병자들보다 남달리 긍정적이고 자세하게 등장한다. 심지어 병자들 중 드물게 본명까지 소개된다. 이것은 바디매오를 독자들과 특별히 긴밀하게 연결시키려는 목적이다. 따라서 당시에 마가복음을 읽던 초대교회 신자들은 바디매오에게 특별한 호감을 느끼고 자신과 동질화시킨다. 바디매오가 두 번이나 "크게 소리 질러"(막 10:48) 외친 '다윗의 자손'이라는 고백 역시 뇌리에 깊이 남는다. 이 사건 이전에 한 번도 안 나왔던 고백이라 더욱 그렇다. 그래서 이 고백도 긍정적으로 느끼게 된다. 예수님 자신도 이 고백에 아직 가타부타 말씀이 없으시니 더욱 그렇다.

하지만 이 역시 다가올 반전의 서막이었다. 바디매오가 고침을 받고 예수님을 따랐다는 묘사는 이후로 그 곁에 바디매오가 함께 있었다는 암시다. "가라" 하셨는데도 떠나지 않고 끝내 따라갔다(막 10:52)는 묘사가 이를 강화시킨다. 하지만 그는 곧 천지가 개벽할 가르침 앞에 서게 된다. 예수님이 성전에서 '그리스도는 다윗의 자손이 아니다'(막 12:35-37)라고 선언하셨을 때 누가 가장 큰 충격을 받았을까? 이야기의 흐름상 당연히 바디매오다. 그는 마가복음에서 유일하게 다윗의 자손을 두 번이나 외친 인물이다. 심지어 이 역할을 바디매오에게만 맡기기 위해 마가는 예루살렘 입성 때 무리들이 '다윗의 자손'이라는 말은 하지 않고 그저 "우리 조상 다윗의 나라여"(막 11:10)라고만 외쳤다고 기록했다.

처음에 바디매오는 자신이 '다윗의 자손'을 고백한 후 고침을 받았으므로 이것이 진리임을 믿어 의심치 않았을 것이다. 하지만 한순간에 모든 것이 깨뜨려졌고, 이로써 그는 급속히 다음 단계의 신앙으로 성숙했을 것이다. 곧 예수님이 하나님이시라는 신앙으로 말이다. 바디매오의 충격은 당연히 마가복음을 읽는 초대교회 성도들에게도 고스란히 전달된다. 바디매오의 긍정적인 모습에 동화되었다가 그와 함께 온전한 깨달음에 이르게 되는 것이다.

물론 지금까지 묘사한 내용은 마가복음에 직접 글로 나타나지 않는다. 하지만 성실히 복음서를 읽는다면 충분히 수반 가능한 상상이다. 마가는 이 목표를 위해 바디매오라는 인물을 소개하고 그에게만 다윗의 자손이라는 고백을 맡긴 것이다.

또 다른 증거들

이상에서 드러난 마태와 마가의 의도는 우리에게 시사하는 바가 크다. '예수님은 다윗의 자손이 아니다'라는 사실이 기독교 신앙에 이토록 중대함을 입증한다. 복음서 기자들은 이 사실을 교회에 각인시키려고 힘을 다했다. 왜 그랬을까? 예수님이 세속적인 메시아가 아니라 영적인 구원자이심을 강조하기 위함이었다.

로마 식민지 상태에서 해방과 평안을 기원하던 유대인들은 다윗 왕조의 부활을 꿈꿨다. 그러니 메시아가 당연히 다윗의 자손이어야 했다. 하지만 기독교의 핵심은 이런 물질적 구원에 있지 않다. 마태는 참된 구원자가 "자기 백성을 그들의 죄에서 구원할 자"(마 1:21)이심을 이미 밝히고 시작했다. 이 사실을 다시 초대교회에 강조한 것이다. 현세의 구원을 탐하지 말고 영원한 구속자를 바라보라고 말이다.

아직도 찜찜한 분들을 위해 마지막 증거를 제시하고 마치겠다. 오늘날 우리는 예수님이 다윗의 자손이라는 표현을 멋모르고 자주 사용하지만 초대교회는 그렇지 않았다. 그래서 복음서를 제외하면 이런 표현이 신약성경 어디에도 나오지 않는다. 이것은 그들이 의도적으로 이 표현을 피했다는 증거다. 물론 아니라고 반박하실 분이 계실 것이다. 복음서 외에도 예수님이 다윗의 자손으로 나오는 장면이 있다고 말이다. 하지만 그렇지 않다.

공관복음서에서 유대인들이 사용하던 '다윗의 자손'이라는 표현은 헬라어로 '휘오스 다위드'다. '휘오스'는 '아들'이라는 뜻이지만 '자손'으로도 번역된다. 그런데 이 헬라어 표현은 지금 찾아본 구절들 말고는 신약성경 어디에도 안 나온다. 다만 아래에 언급한 다섯 군데가 오해를 불러일으킨다.

먼저 계시록에 "나는 다윗의 뿌리요 자손이니"(계 22:16)라는 구절이 나온다. 여기서 자손으로 번역된 단어는 '휘오스'가 아니라 '게노스'이다. 게노스는 혈통상의 자손을 의미하는데 마태복음 1장 1절의 '계보'(게네시스)와 같은 계통의 단어다. 즉, 메시아적 의미의 다윗의 자손이 아니라 인간의 혈통상 다윗의 족보로 오셨다는 말이다.

따라서 이 표현 직전에 예수님은 '다윗의 뿌리'임이 먼저 강조된다. 이것으로 예수님이 다윗에게 속한 것이 아니라 오히려 다윗이 예수님께 속했음을 보여 준다. 즉, 예수님은 다윗의 자손이 아니라 그를 존재하게 하신 뿌리요 창조자시다. 계시록 5장 5절에도 "다윗의 뿌리"가 나오는데 이 모두는 지금껏 살펴본 창조주 그리스도를 나타낸다.

그 외의 세 군데는 "다윗의 씨"(요 7:42), "다윗의 혈통"(롬 1:3), "다윗의 씨"(딤후 2:8)다. 이때의 '씨'와 '혈통'은 모두 헬라어 '스페르마'를 번역한 것이다. '스페르마'는 본래 '씨'를 의미하는데 사람의 혈통으로도 사용된다. 결국 모두 족보상의 계보를 보여 줄 뿐 그리스도이심을 나타내는 말이 아니다. 그래서 로마서는 예수님이 "육신으로는 다윗의 혈통에서 나셨고 성결의 영으로는 … 하나님의 아들로 선포되셨으니"라고 말한다(롬 1:3-4). 여기서 다윗의 '혈통'(씨)이라는 표현은 단지 육신적으로 그렇다는 것일 뿐이다. 그래서 그다음에 즉시 "성결의 영으로는", 즉 영적으로는 본래 '하나님의 아들'이시라는 선언이 이어지는 것이다.

우리가 믿는 예수 그리스도는 태초부터 계신 창조주 하나님이시다. 그분께서 육체를 입고 이 땅에 오셔서 우리를 위해 십자가를 지셨다.

과부의 렙돈 두 개

과부의 헌금은 생활비 전부를 바치라는 뜻일까

> 한 가난한 과부는 와서 두 렙돈 곧 한 고드란트를 넣는지라.
>
> 마가복음 12:42

예루살렘 성전에서 과부는 "두 렙돈" 즉 "한 고드란트"를 헌금함에 넣었다. 예수님은 이를 칭찬하시고 그 과부가 "자기의 모든 소유 곧 생활비 전부"를 넣었다(막 12:44)고 하셨다. 그래서 이 본문은 성도가 헌금을 어떻게 드려야 하는지를 가르치는 설교에 자주 사용된다. 가난한 과부가 생활비 전부를 드린 것처럼 우리도 최선을 다해 하나님께 드려야 칭찬을 받는다고 한다. 하지만 이것은 본문의 뜻을 벗어난 이야기다. 이 이야기의 참뜻을 알려면 먼저 "두 렙돈", 즉 그 여인의 생활비 전부의 가치를 알아야 한다.

과부가 드린 렙돈 두 개는 지금 돈으로 대략 얼마나 될까? 고대와 현대는 경제상황이 전혀 다르므로 당시의 돈을 오늘날 얼마라고 규정하기란 불가능하다. 하지만 성경을 세밀히 보면 과부가 넣은 렙돈 두 개, 즉 한 고드란트가 어느 정도 가치였는지 물품을 비교해서 알아볼 수 있다. 마태복음과 누가복음에 보면 예수님이 이런 말씀을 하시는 장면이 나온다.

> 네가 **한 푼**이라도 남김이 없이 다 갚기 전에는 결코 거기서 나오지
> 못하리라(마 5:26).
> **한 푼**이라도 남김이 없이 갚지 아니하고서는 결코 거기서 나오지 못
> 하리라(눅 12:59).

두 본문 모두 "한 푼"이라는 단위가 나온다. 개역한글성경에서는
이를 '가는 털'이라는 뜻의 '호리'(毫釐)로 번역했는데, 개역개정성경
에서는 의미를 살려 '한 푼'으로 번역했다. 그럼에도 심각한 문제가
남는다. 원어로 보면 마태와 누가의 '한 푼'이 서로 다르기 때문이다.
마태복음의 '한 푼'은 '마지막 고드란트'(에스카톤 고드란텐)이고 누가
복음의 '한 푼'은 '마지막 렙돈'(에스카톤 레프톤)이다.

'마지막'이라는 형용사는 최소 단위를 의미한다. 문제는 '고드란
트'와 '렙돈'이다. 이 둘은 명확히 다른 화폐다. 그런데 왜 우리말 성
경은 둘 다 '한 푼'으로 번역했을까? 성경 번역자가 어떤 불안감을
느꼈던 것 같다. 같은 상황에서 나온 예수님 말씀인데 왜 돈의 단위
가 서로 다르냐고 따질까 봐 말이다. 그래서 그냥 적다는 의미만 살
려 둘 다 '한 푼'으로 번역한 것으로 보인다.

하지만 예수님이 '고드란트'라고 하셨든 '렙돈'이라고 하셨든 이
것으로 고민하거나 성경을 의심할 필요는 없다. 서로 다른 두 표현
속에는 예수님의 말씀을 당시 자기 교회 성도들에게 더 잘 전달하려
는 마태와 누가의 고민이 들어 있다. 오늘날도 천 원 이천 원을 쪼개

쓰는 사람과 만 원 이만 원이 푼돈인 사람의 최소 단위 개념이 다르다. 마태복음이 누가의 '렙돈'보다 많은 '고드란트'를 '한 푼'으로 인식한 것은 두 교회 성도들의 생활수준이 달랐다는 의미다. 한마디로 마태네 교회가 누가네 교회보다 좀 더 잘살았다는 뜻이다.

예수님이 실제로 둘 중에 어떤 단위를 말씀하셨을지 확정하기는 힘들다. 하지만 매우 적다는 의미로 말씀하신 것은 분명하다. 이것을 마태는 자기 교인들에게 친숙한 잔돈인 '고드란트'로, 누가는 '렙돈'으로 표현했을 뿐이다. 이것은 복음서 기자들이 주님의 가르침을 최대한 자기 성도들에게 잘 전달하려고 노력한 흔적이다. 그들은 무당이 영서를 받아쓰듯 성경을 기록한 것이 아니라 교회의 입장까지 고려하여 기록했다. 이러한 노력에 하나님이 영감을 불어넣으신 것이다.

그런데 복음서에는 '고드란트'보다 더 큰 단위도 나온다. '앗사리온'이라는 화폐인데, 이것은 고드란트의 네 배다. '앗사리온'이 등장하는 본문은 아래와 같다.

> **참새 두 마리가 한 앗사리온**에 팔리지 않느냐. 그러나 너희 아버지께서 허락하지 아니하시면 그 하나도 땅에 떨어지지 아니하리라(마 10:29).
>
> **참새 다섯 마리가 두 앗사리온**에 팔리는 것이 아니냐. 그러나 하나님 앞에는 그 하나도 잊어버리시는 바 되지 아니하는도다(눅 12:6).

이 구절들 역시 동일한 상황에서 나온 예수님의 말씀이다. 하지만 또 표현이 서로 다르다. 마태는 참새 두 마리에 한 앗사리온이라고 했고 누가는 다섯 마리에 두 앗사리온이라고 한다. 같은 참새의 시세가 왜 다른 걸까? 이것도 말씀을 잘 전달하려는 글솜씨에서 나온 것이다. 당시 참새 두 마리의 정가는 마태의 표현대로 '한 앗사리온'이었을 것이다. 그런데 시장에서 '두 앗사리온'을 내면 한 마리를 끼워 다섯 마리를 주었던 것이다. 옛날 학생들 응원가에 "굴비 한 마리 오십 원 열 마리에 사백오십 원 말 잘하면 거저 준대요"와 비슷한 맥락이다.

하지만 마태의 표현이든 누가의 표현이든 예수님이 전하려 하신 핵심은 변함이 없다. 그만큼 당시 참새가 흔한 먹거리였다는 뜻이다. 그렇다면 더 상세히 계산해 보자. '한 앗사리온'에 참새 두 마리니 사분의 일인 '한 고드란트'는 참새 두 마리의 사분의 일이다. 즉, 참새 반 마리 가격이다. 따라서 두 렙돈으로 살 수 있는 참새는 반 마리다. 한 고드란트가 두 렙돈이니 말이다.

지금도 파는지 모르겠는데 옛날에는 주로 포장마차에서 참새구이를 팔았다. 먹어 본 사람은 알지만 정말 먹을 게 없었다. 참새 자체가 너무 작아서다. 몇 마리를 모아야 요즘 치킨 한 마리쯤 될까? 그런데 참새 반 마리라니, 이건 정말 누구 코에 붙일 수준도 안 된다. 이처럼 빈약한 참새 반 마리가 두 렙돈의 가치였고 이것이 과부의 모든 소유 곧 생활비 전부였다는 것이 성경의 진실이다.

그렇다면 더 이상 이 이야기가 헌금을 얼마나 바칠지에 대한 가르침이 아님을 직감하게 된다. 아마 우리보다 당시 참새 시세에 더 익숙했을 초대교회 성도들은 이 본문을 읽으면서 큰 충격을 느꼈을 것이다. '생활비'로 번역된 '비오스'는 식비뿐 아니라 매일의 삶에 필요한 모든 것을 포함한다. 하지만 이것을 하루 식비로만 봐도 소름이 끼친다. 그 과부는 하루에 참새 반 마리로 연명해야 했다.

이것을 깨달으면 본문의 전후에 나타난 사건들이 개별적인 것이 아님을 깨닫게 된다. 과부의 헌금 사건이 있자마자 제자 중 하나가 예루살렘 성전의 아름다움을 칭찬하면서 "이 건물들이 어떠하니이까"(막 13:1)라고 말했다. 시쳇말로 '캬, 이 건물 죽이지 않습니까'다. 그러자 예수님은 "네가 이 큰 건물들을 보느냐. 돌 하나도 돌 위에 남지 않고 다 무너뜨려지리라"(막 13:2)고 말씀하신다.

여기서 우리는 성전을 향한 예수님의 분노를 느낄 수 있다. 주님의 분노는 방금 전 참새 반 마리로 하루를 살아야 했던 과부와 연결된다. 그 증거는 두 렙돈 이야기 직전에 이미 나왔다. 예수님은 여기서 "서기관들을 삼가라. 그들은 과부의 가산을 삼키며"(막 12:39-40)라고 폭로하신다. 당시 서기관들은 말씀을 기록 보존하는 역할을 하였고 백성을 가르치던 공인된 선생들이었다. 특히 예루살렘의 서기관들은 성전을 중심으로 엄청난 영향력을 행사했다. 그런데 예수님은 이들을 가리켜 '과부의 가산을 삼키는 자들'이라고 하신다. 이건 대체 무슨 뜻일까?

"가산"으로 번역한 헬라어 '오이코스'는 집을 말한다. 집은 보통 일반인의 전 재산이다. 우리의 선입견과 달리 당시 과부들이 무조건 가난했던 것은 아니다. 남편이 죽고 나름 집과 재산을 가진 과부들도 있었다. 서기관들은 이것을 노렸다. 학자들은 당시 서기관들이 감동 잘하는 과부들을 꼬드겨 분에 넘치는 재물을 받아 냈다고 보거나(Leon Morris), 혹은 과부들을 성전에서 봉사하도록 한 다음 그들의 재산을 관리해 준다는 명목으로 가산을 삼켰다고 말한다(T. W. Manson). 누가복음 2장 36-37절에는 60년 가까이 과부로서 성전을 떠나지 않고 섬기던 안나 같은 여인이 나온다. 당연히 위대한 믿음이다. 하지만 그 배후에 이런 신앙심을 이용하여 재물을 뜯어내고 자기 배를 채운 서기관들이 있었다는 것이다.

성전에서 렙돈을 드린 과부도 아마 이런 이들 중 하나일 가능성이 높다. 그녀가 참새 반 마리로 살아야 하는 이유는 신앙심을 이용하여 배를 채우는 서기관들의 강요 때문이었을 것이다. 예수님은 지금 이런 서기관들을 질책하신다. 동시에 이런 자들이 주도하는 성전이 무너질 것을 예고하신다. 성전을 출입하는 자들 중에 '여러 부자는 헌금함에 많이 넣었다'(막 12:41). 하지만 그들 중에 있는 과부는 고작 참새 반 마리로 하루 끼니를 해결해야 했다. 그런데 그마저도 헌금함에 넣어야 할 만큼 심적인 강요 아래 놓인 상황이었다. 주님은 이런 상황에 가슴이 찢어지신 것이다.

따라서 과부의 두 렙돈 이야기는 헌금 강요 본문이 되면 안 된다. 그녀의 렙돈 두 개는 진실로 아름다운 헌금이다. 하지만 그 배후에는 참새 반 마리로 연명하던 과부가 그마저도 바쳐야 했고, 그 피눈물을 갉아먹으며 외양을 치장하던 예루살렘 성전과 그 안에서 호의호식하는 종교인들이 있었다. 바로 그들을 향해서 주님은 "그 받는 판결이 더욱 중하리라"(막 12:40)고 선언하셨고, 그런 자들이 득세하던 성전을 향해 "돌 하나도 돌 위에 남지 않고 다 무너뜨려지리라"(막 13:2)고 저주하신 것이다.

지금 우리 곁에도 렙돈 두 개로 사는 사람들이 있다. 동시에 예루살렘 성전처럼 지나치게 화려한 예배당도 많다. 이제 교회는 말씀으로 돌아가 주님의 마음을 깨닫고 눈을 돌려 참새 반 마리로 살아가는 사람들을 돌보아야 한다. 교회 건물이나 조직은 좀 낡고 어설퍼도 괜찮다. 그 안에 서로의 눈물을 닦아 주는 사랑의 나눔이 있어야 주님이 인정하실 참된 교회다. 그렇지 않으면 아무리 훌륭한 외양을 자랑한다 해도 결국 무너져 없어져야 할 곳이다.

예수님의 세례

예수님은 왜 세례를 받으셨을까

> 요한이 말려 이르되 내가 당신에게서 세례를 받아야 할 터인데 당신이 내게로 오시나이까. 예수께서 대답하여 이르시되 이제 허락하라. 우리가 이와 같이 하여 모든 의를 이루는 것이 합당하니라 하시니 이에 요한이 허락하는지라. 마태복음 3:14-15

어린 시절, 어떤 분의 회심이 고향 교회에 큰 화제가 된 적이 있다. 워낙 소문난 일인지라 어렸어도 전모를 대충 알았다. 그는 유명한 한량이었다. 술 잘 먹고 놀기 좋아하고 주먹질도 잘하던 사람이었다. 그러던 그가 어느 날 예수님을 영접했다. 그다음은 말 안 해도 알겠지만 과거의 삶을 청산하고 급속히 변화하였다. 나는 그의 변화된 모습을 여러 번 목격했다. 평일에 혼자 교회에서 청소하는 모습, 전도지의 글씨가 틀렸다고 천 장도 넘는 전도지를 일일이 볼펜으로 수정하고 전도하러 나가던 모습 등. 그분은 가만히 지켜보는 나를 향해 과거 한 가닥 했을 매서운 눈을 선량하게 뜨고 환히 웃어 주었다.

결정적으로 감동받은 것은 그가 세례받는 순간이었다. 어린이 예배가 끝나면 정신없이 산과 강을 뛰어다니며 놀았기에 지루한 어른 예배에 참석하는 경우는 거의 없었는데 그날 왜, 그것도 하필 그분 뒷자리에서 예배를 드렸는지 아직도 모르겠다. 그런데 그날 마침 세례예식이 있었다. 나는 세례를 받고 머리에 물을 뚝뚝 흘리며 눈물 범벅으로 돌아오는 그의 얼굴을 보았고 지금까지 머리에 각인되어 있다. 그 어떤 세례 교육보다 귀중한 시청각 교육이었다.

그래서 나는 1981년 11월 29일 강남교회 김연선 목사님의 집례로 세례받던 기억을 소중히 간직하고 있다. 인생에 처음 찾아온 겸허한 순간이었다. 차가운 물줄기가 목을 타고 내릴 때 나의 죄가 십자가의 보혈로 용서받았음을 분명히 깨달았다. 그날 이후 내 성경책 맨 앞장에는 세례 날짜와 주례목사님의 성함이 기록되었고, 성경책을 바꿀 때마다 옮겨 적기를 반복하고 있다. 후에 목사가 되어 성도들에게 세례 날짜와 주례목사님 성함을 가끔 물어보면 기억하는 분들이 별로 없어 안타깝다. 그러면 꼭 알아보고 성경책에 기록해 놓으라고 조언한다. 그날은 인생에서 가장 귀한 날이기 때문이다.

세례가 무엇인가? 기본적인 의미는 '죄를 씻는 것'이다. 바울의 다메섹 체험을 보면 "주의 이름을 불러 세례를 받고 너의 죄를 씻으라"(행 22:16)는 말씀이 나온다. 몸의 때를 물로 씻어 내듯이 우리의 죄를 하나님 앞에 씻어 내기로 결단하고 그 상징으로 몸을 물에 적신다. 예수님 시대에는 세례 요한이 먼저 활동하고 있었다. 그는 "죄사함을 받게 하는 회개의 세례를 전파"하였고(막 1:4) 백성들을 향해 이렇게 외쳤다. "회개하라. 천국이 가까이 왔느니라"(마 3:2). 그러자 놀라운 부흥이 일어났다. "예루살렘과 온 유대와 요단강 사방에서 다 그에게 나아와 자기들의 죄를 자복하고 요단강에서 그에게 세례를" 받은 것이다(마 3:5-6).

세습 제사장직을 버리고 사막에서 메뚜기와 돌 꿀(석청)을 캐 먹으며 던진 그의 외침은 백성들의 가슴을 찔러 쪼갰다. 그의 설교는 거리낌이 없었고 청중의 눈치를 보지 않았다. 심지어 그는 감동해서 그에게 나아오는 바리새인과 사두개인들에게 이렇게 외쳤다. "독사의 자식들아, 누가 너희를 가르쳐 임박한 진노를 피하라 하더냐"(마 3:7). 이 말을 지금식으로 고치면 이쯤 되겠다. "개××들아, 너희같이 못된 놈들은 지옥에 떨어져 버려야 속이 시원할 텐데 누가 세례받고 구원받으라고 일러줬냐?"

이처럼 거침없는 설교자, 예수님의 표현대로 '여자가 낳은 자 중에 가장 크고 위대한'(마 11:11) 선지자였던 요한에게 우리 예수님도 세례를 받으러 가셨다. 여기서 심각한 문제가 발생한다. 생각해 보라. 세상 사람들은 모두 세례를 받아야 하는가? 그렇다. 만인은 다 하나님 앞에 회개하고 죄를 씻어야 한다. 누구나 죄인이므로 세례를 받지 않아도 될 사람은 아무도 없다. 하지만 이 땅에 유일하게 세례가 필요 없는 분이 계셨으니 곧 예수 그리스도다. 주님은 죄가 하나도 없는 하나님의 아들이요 하나님과 동등한 분이시다. 그런 주님께서, 아무리 성결하다 해도 결국 죄인일 뿐인 요한에게 세례를 받는 것은 천지가 개벽할 모순이요 어불성설이다. 세례 요한도 이 사실을 잘 알고 있었다. 대열에서 차례가 되어 자기 앞에 나아오신 예수님을 보고 요한은 깜짝 놀라 이렇게 말렸다. "내가 당신에게서 세례를 받아야 할 터인데 당신이 내게로 오시나이까"(마 3:14).

죄인을 향해 거침없이 독설을 퍼붓던 요한의 모습이 예수님 앞에서 여지없이 무너졌다. 씻을 죄가 없는 분이 세례를 받으려 하시다니. 하지만 예수님은 요한을 설득하여 세례를 베풀도록 하셨다. "이제 허락하라. 우리가 이와 같이 하여 모든 의를 이루는 것이 합당하니라"(마 3:15). 그리고 예수님은 죄인의 강물에 들어가 기어이 세례를 받으셨다. 도대체 왜 그러셨을까?

열쇠는 주님이 말씀하신 한 표현에 들어 있다. 바로 "모든 의를 이루는 것"이다. '모든 의'가 무엇일까? '의'(義)는 '바른 것, 원칙대로 하는 것'이다. 사회에서 정의(正義)라고 부르는 이 '의'를 성경은 자주 '공의'(公義)로 표현한다. 공의는 '절대로 죄는 용납될 수 없다'는 하나님의 법칙이다. 만약 자식을 죽인 원수가 있는데 재판에서 무죄를 받고 풀려난다면 가만있을 부모가 있겠는가? 펄펄뛰며 난리가 날 것이다. 공의가 시행되지 않았기 때문이다. 오늘날 얼마나 많은 사건들이 정의롭게 재판되지 않아서 우리를 분통 터지게 하고 있는가?

하지만 범위를 좀 더 넓혀 보자. 하나님의 공의가 진실로 이 땅에 적용되면 우리는 아무 탈이 없을까? 절대 아니다. 정의가 차별 없이 적용되면 파렴치한 몇 명만 처벌받는 것이 아니라 온 인류가 다 지옥에 떨어질 수밖에 없다. 심판자인 하나님이 지고지순하시므로 심판의 기준 또한 완전무결이다. 그런 심판 앞에서는 모든 인간이 다 죄인으로 드러날 뿐이다. 따라서 하나님의 공의 앞에 아무도 구원 얻을 자가 없다.

하지만 하나님께는 공의만 있는 것이 아니다. 그분은 또한 사랑이 많으신 분이다. 죄를 미워하시지만 인간을 사랑하는 마음 역시 가득

한 분이다. 이 역시 의로우신 하나님의 속성이다. 따라서 예수님이 말씀하신 '모든 의'의 다른 측면은 '사랑'이다. 사실 '공의'와 '사랑'은 자주 대립하고 조화를 잘 못 이룬다. 공의를 행하면 사랑이 울고 사랑을 앞세우면 공의가 망가진다. 그런데 예수님은 이 공의와 사랑, 즉 '모든 의'를 이루기 위해 지금 세례를 받으시겠다는 것이다.

1930년, 빵을 훔치다가 잡힌 노인이 뉴욕의 한 재판소에서 재판을 받고 있었다. 그는 말 그대로 배가 고파 빵을 훔쳤다. 방청석에 있는 이들은 콧날이 시큰해져 노인을 불쌍히 여겼다. 판사가 무죄로 석방해 주기를 바랐다. 하지만 법은 여전히 법이다. 남의 것을 훔친 것은 분명히 죄였다. 당시 재판을 맡은 피오렐로 라과디아 판사는 냉정하게 벌금 10달러를 노인에게 선고했다. 이것은 당연한 죄 값이었다. 하지만 선고 후에 판사는 방청객을 향해 이렇게 말했다.

"이제 노인의 죄 값이 정해졌습니다. 하지만 저와 여러분도 판결을 받아야 합니다. 우리가 사는 뉴욕시 안에 배가 고파 빵을 훔치는 노인이 있도록 만든 것은 저와 여러분의 죄입니다. 따라서 저는 여기 계신 모든 분들께 벌금 50센트씩을 선고하는 바입니다."

그런 다음 판사는 모자를 벗어 10달러를 넣은 다음 방청객에게 돌렸다. 사람들은 감동하여 주머니를 털었고 많은 돈이 걷혔다. 거기서 10달러를 제외한 나머지 돈이 노인에게 건네졌다. 그날 그 재판정에서는 공의와 사랑이 동시에 만족된 것이다(라과디아 판사는 나중에 뉴욕 시장을 역임했고 뉴욕에는 지금도 라과디아 공항이 있다).

사랑은 자기희생에서 완성된다. 온전한 의는 징계와 배려가 함께 이루어지는 것이다. 그러자면 공의의 집행자가 손해를 보고 죄 값을 대신 져야 한다. 예수님이 '모든 의'를 이루시기 위해 세례를 받아야한다는 말씀의 의미는 이런 맥락이다. 예수님은 죄가 없으시므로 세례받을 필요가 없다. 오히려 그분은 '악인들을 도끼로 찍어 불에 던지실 심판자'(마 3:10)다. 만약 공의만 추구하신다면 복잡할 것 없이 인간을 전부 지옥에 보내면 된다. 하지만 예수님은 멸망할 죄인들을 사랑하셨다. 그래서 복잡해진 것이다. 결국 예수님은 이것을 해결하려고 스스로 요단강에 오셨다. 죄인들의 짐을 대신 지시기 위해서였다.

마태복음은 이런 사실을 산상수훈에서 다시 보여 준다. 예수님은 "내가 율법이나 선지자를 폐하러 온 줄로 생각하지 말라. 폐하러 온 것이 아니요 완전하게 하려 함이라"(마 5:17)고 하셨다. 이 말씀 속에는 율법과 선지자만으로는 부족하므로 완전하게 하시겠다는 이미지가 깔려 있다. 율법과 선지자는 구약의 공의를 상징한다. 이것만으로 인간은 구원을 얻을 수 없다. 그래서 주님은 공의의 부족한 부분을 채워서 완전하게 하시겠다고 발표한 것이다('완전하게 하다'로 번역된 헬라어 '플레로오'는 본래 '가득 채우다'는 뜻이다).

하지만 사람들은 예수님을 오해했다. 주님이 율법과 선지자를 폐하러 오셨다고 착각했다. 율법과 선지자의 공의 앞에 죄인은 반드시 심판을 받아야 한다. 그런데 이것만으로 충분하다고 감히 생각하던 사람들이 있었다. 스스로 의롭다고 자부하며 외식하던 자들이었다 (마 6:1-18). 그들은 율법의 의로써 자신은 칭찬받고 타인은 심판받을 것이라고 믿었다. 그런데 예수님이 나타나 죄의 심판보다 용서와 구원을 강조하셨다. 주님은 "자기 백성을 그들의 죄에서 구원할 자"(마

1:21)이셨고 "의인을 부르러 온 것이 아니요 죄인을 부르러" 왔다(마 9:13)고 선언하셨다.

그래서 외식자들은 '죄인들과 어울리는 예수님'(마 9:11)을 향해 구약의 공의를 폐하러 왔다고 화를 낸 것이다. 예수님의 사도인 바울도 동일한 오해를 받았다. 그가 용서의 복음을 전하면서 "죄가 더한 곳에 은혜가 더욱 넘쳤"다(롬 5:20)고 외치자 삐딱한 사람들은 "은혜를 더하려면 죄를 계속 지어야 하느냐"(롬 6:1)며 비아냥거렸다. 그러면서 바울이 "믿음으로 말미암아 율법을 파기"한다(롬 3:31)고 비난했다. 이 역시 예수님의 사랑이 공의를 폐하는 것으로 착각한 결과다. 용서의 복음이 선포되는 곳에는 늘 이런 오해가 따르게 마련이다.

주님의 사랑은 공의를 폐하는 것이 아니라 완전하게 하는 것이었다. 율법과 선지자의 의로는 아무도 구원을 얻을 수가 없기 때문이다. 스스로 의롭다고 착각하는 자들도 결코 예외가 아니다. 예수님은 이 사실을 깨우쳐 주시려고 잠시 뒤에 '살인하지 말라' '간음하지 말라' 등의 율법을 근본까지 확대 적용하셨다. 미움과 음욕이 곧 살인이요 간음임을 일깨우셨다(마 5:21-48). 이 모두는 인간이 율법의 의로는 절대로 구원받지 못함을 선언하신 것이다.

그래서 바울은 "율법의 행위로 그의 앞에 의롭다 하심을 얻을 육체가 없나니 율법으로는 죄를 깨달음이니라"(롬 3:20)고 말했다. 나아가 하나님의 공의 앞에 "의인은 없나니 하나도 없으며"(롬 3:10) 율법의 공의는 "온 세상으로 하나님의 심판 아래에 있게" 할 뿐(롬 3:19)이라고 고백했다. 그러므로 반드시 멸망할 인간이 공의의 심판을 벗어나려면 율법의 의를 넘어선 또 다른 의가 필요하다. 그것은 바로 죄를 대신 속하는 대속의 의다.

예수님은 "인자가 온 것은 섬김을 받으려 함이 아니라 도리어 섬기려 하고 자기 목숨을 많은 사람의 대속물로 주려 함이니라"(마 20:28)고 선언하셨다. 율법과 선지자의 의로는 죽을 수밖에 없는 죄인들을 위해 스스로 속죄제물이 되신 사랑의 의를 발표하신 것이다. 바울은 이것을 "율법 외에 [또 다른] 하나님의 한 의"(롬 3:21)라고 말하면서 이 의가 "그리스도 예수 안에 있는 속량으로 말미암아"(롬 3:24) 우리에게 주어졌다고 가르친다. '속량'(아폴뤼트로시스)과 '대속물'(뤼트론)은 동의어로서 포로나 노예가 된 자의 몸값을 대신 치르고 풀어 준다는 뜻이다.

멸망할 인간을 위해 예수님은 스스로 속죄의 제물이 되셨다. 이로써 "모든 의를 이루는 것"(마 3:15)이 가능해졌고, 마침내 인간에게 구원의 길이 열린 것이다. 사실 이 모두는 구약에 이미 예언된 일이었다. 바울은 "율법 외에 하나님의 한 의가 나타났으니 율법과 선지자들에게[즉 구약에게] 증거를 받은 것"(롬 3:21)이라고 말하였다. 예수님의 구원에 대한 구약의 예언은 굉장히 많지만 그중에 "모든 의를 이루는 것"에 대한 예언은 특히 유대인의 한 명절 예식을 통해 선명히 입증된다.

지금도 유대인들이 열심히 지키는 '대속죄일'(욤 키푸르)이라는 명절이 있다. 보통 10월경에 찾아오는 이 명절의 기원은 레위기 16장이다. 하나님은 모세의 광야에서 이 규례를 주셨는데, "이스라엘 자손의 모든 죄를 위하여 일 년에 한 번 속죄"해야 한다(레 16:34)는 것이다. 이날에 특별한 예식이 행해진다. 먼저 염소 두 마리를 데려다가 제비뽑기를 한다. "한 제비는 여호와를 위하고 한 제비는 아사셀을 위하여"(레 16:8) 뽑는다. 이후 "여호와를 위하여 제비 뽑은 염소는 속죄제로 드리고 아사셀을 위하여 제비 뽑은 염소는 … 아사셀을 위하여 광야로" 보낸다(레 16:9-10).

그러면 '아사셀'이 무엇일까? 여러 논쟁이 있지만 보통은 광야에 있는 악마의 이름으로 본다(새번역성경 각주 참고). 본문 속에서 '여호와'와 대립되는 존재임을 고려할 때 이 해석은 신빙성이 높다. 즉 아사셀을 위한 염소는 광야의 악마에게 보낼 염소다. 그런데 보내기 전에 아론은 "살아 있는 염소의 머리에 안수하여 이스라엘 자손의 모든 불의와 그 범한 모든 죄를 아뢰고 그 죄를 염소의 머리에 두어 미리 정한 사람에게 맡겨 광야로" 보낸다(레 16:21). 그러면 그 "염소가 그들의 모든 불의를 지고 접근하기 어려운 땅에" 이르러(레 16:22) 거기서 결국 죽게 된다.

왜 아사셀 염소는 광야의 악마에게 가야만 할까? 여기서 마귀의 속성이 드러난다. 마귀는 흔히 생각하는 것처럼 입에 케첩을 바르고 에비 하는 존재가 아니다. 욥기에 나오듯 냉철하고 이성적인 논리로 하나님께 도전한다. 마귀의 논지는 명확하다. 인간을 공의로 처벌하라는 것이다. 어떤 면에서 보면 정의로운 검사 역할이다. 하지만 이미 살핀 대로 하나님의 의는 공의뿐만이 아니다. 하나님의 의에는 죄인을 향한 사랑도 넘친다. 이 둘을 조화시키려면 죄인 대신 누군가 처벌을 받아야 한다. 아사셀 염소가 이를 상징한다. 이스라엘의 죄와 아무 상관 없는 염소는 그들의 죄를 지고 대신 죽는다. 특히 이

의식은 광야의 마귀인 아사셀의 면전에서 펼쳐진다. 그래야 마귀의 말문이 막히기 때문이다.

대속죄일의 아사셀 염소는 당연히 우리 예수님에 대한 예언이다. 예수님은 그날 인간의 죄를 씻는 요단강에 몸소 찾아오셨고 온갖 죄가 떠 있는 그 물에 기꺼이 들어가셨다. 인간들과 정반대의 목적으로 말이다. 우리는 죄를 씻으려고 세례를 받지만 예수님은 그 죄를 짊어지기 위함이셨다. 아론이 아사셀 염소의 머리에 온 백성의 죄를 전가했듯이 예수님은 요한의 손을 통해 그 강물의 죄를 온몸에 짊어지셨다. 이로써 공의와 사랑, 곧 하나님의 '모든 의'가 이루어졌다. 성부 하나님은 누구보다 이 일을 기뻐하셨고 그 순간 하늘 문을 여셨다. 이윽고 인류의 죄악을 지고 물에서 올라오시는 예수님을 향해 이렇게 말씀하셨다.

"이는 내 사랑하는 아들이요 내 기뻐하는 자라"(마 3:17).

믿음으로 믿음에

믿음으로 믿음에 이른다는 것이 무엇일까

복음에는 하나님의 의가 나타나서 믿음으로 믿음에 이르게 하나니 기록된 바 오직 의인은 믿음으로 말미암아 살리라 함과 같으니라. 로마서 1:17

어린 시절, 부모님이 운영하시던 가게에서 구역예배가 열렸다. 비좁은 장소에서 교회 어른들과 함께 나도 예배를 드렸다. 예배를 마치고 한 젊은 분이 "제가 성경에서 희한한 걸 발견했어요"라고 했다. 이윽고 그는 "그런즉 내가 하나님의 단에 나아가 나의 **극락의 하나님**께 이르리이다"(시 43:4, 개역한글)라는 구절을 소개했다. 그러자 모인 분들이 모두 놀라고 당황해했다. '극락의 하나님이라니? 우리 하나님과 부처님이 서로 통하는 건가?' 대충 그런 표정들을 짓고 있었다.

우리말로 된 성경은 히브리어와 헬라어 원문을 번역한 번역본이다. 모든 번역이 완벽할 수 없고 번역자의 취향에 따라 단어를 선택하기 마련이다. 이 역시 그래서 생긴 일이었다. 나중에 원문을 읽어보니 그 구절은 히브리어로 '엘 심하트 길리'인데 직역하면 '나의 즐거움의 기쁨의 하나님'이다. 그러니 개역한글성경의 번역이 잘못된 것은 아니다. 즐거움과 기쁨을 합쳐 '극락'이라고 표현했고, 이것이 주로 불교에서 쓰는 용어라서 생긴 오해였다. 그런데 불교 역시 산스크리트어 '수카바티'를 극락으로 번역했다고 한다. 지금의 개역개정성경은 "극락의 하나님" 대신 "큰 기쁨의 하나님"으로 번역했는데 잘한 일이다.

성경은 완전 무오한 하나님의 말씀인가? 그렇다. 하나님은 하나님의 뜻을 성경에 담아 주셨고 이것이 기독교 신앙의 토대요 근간이다. 하지만 이 무오한 성경은 가장 먼저 써진 원전을 뜻한다. 우리의 번역본은 원전이 아니다. 심지어 번역에 이용한 원문 성경도 오리지널이 아니다. 성경의 기자가 직접 쓴 첫 원고는 남아 있지 않다. 그것을 베낀 수많은 사본들을 비교해서 본래의 원문을 추적해 나간 것이다. 이 복원 작업은 앞으로도 계속될 것이다. 그렇다고 의아해할 필요는 없다. 철저한 검증을 통해 복원된 현재의 원전은 오리지널과 거의 차이가 없는 것이 확실하기 때문이다.

문제는 이렇게 복원된 원전을 다시 각국 언어로 번역하는 작업에 있다. 사실 외국어를 모국어로 완벽하게 옮기기란 불가능하다. 더구나 그 내용이 수천 년 전의 것이면 더욱 그렇다. 따라서 번역도 계속되어야 한다. 개역한글성경을 수정하여 개역개정성경이 나온 것도 그런 이유다. 원전의 뜻에 조금이라도 가까이 다가가려면 치밀하고 다양하게 성경 번역 작업을 계속 이어 가야 한다. 이 책을 쓰는 이유 중 하나도 그 일에 조금이나마 도움이 되기 위해서다. 지금 교회에서 사용하고 있는 개역개정성경 역시 아직 문제의 소지가 있는 번역이 많기 때문이다.

이번 장에서는 특별히 그중 하나를 다루려고 한다. 우리가 잘 아는 구절인데, 원문의 뜻과 큰 차이가 있는 한 대목이다. 바로 로마서 1장 17절이다. 이 유명한 구절은 개역한글성경과 개역개정성경의 내용이 똑같다. 즉, 새로 번역하는 과정에서 전혀 손을 대지 않았다는 말이다. 일단 우리말 본문을 놓고 찬찬히 살펴보자.

> 복음에는 하나님의 의가 나타나서 믿음으로 믿음에 이르게 하나니 기록된 바 오직 의인은 믿음으로 말미암아 살리라 함과 같으니라(롬 1:17).

로마서는 복음의 책이다. 바울은 오직 복음을 통해 인간이 의롭게 된다고 말한다. 이것이 '복음에는 하나님의 의가 나타난다'는 뜻이다. 여기까지는 별 문제가 없다. 원문을 직역해도 '하나님의 의가 복음 안에 나타난다'이다. 문제는 그다음에 나오는 '믿음으로 믿음에 이르게 한다'는 표현이다.

이 구절은 읽는 이에게 마치 두 종류의 믿음이 있는 것처럼 느껴지게 한다. 그래서 하나님의 의가 '믿음'(①)에서 또 다른 '믿음'(②)에 이르도록 하는 것처럼 보인다. 그러다 보니 이 구절을 통해 여러 해석이 난무한다. 어떤 설교자는 ① '믿음'은 그냥 믿음이고 ② '믿음'은 믿음의 형용사(faithful)형이라면서 더욱 충실한 믿음이라고 설명한다. 또한 연예인인데 갑자기 성경을 가르치고 다니는 박 아무개 씨는 앞의 '믿음'(①)은 인간의 믿음이고 뒤의 '믿음'(②)은 말씀을 통해 얻어지는 믿음이라고 주장한다.

개역한글성경이나 개역개정성경을 보고 이런 착각을 하는 것은 어쩌면 당연한 일이다. 박 아무개 씨 역시 '믿음으로 믿음에 이르게 한다'가 비논리적이기 때문에 두 믿음은 나눠질 수밖에 없다고 설명한다. 어떤 면에서 문제의 핵심을 지적한 말이다. 사실 개역개정의 번역은 오역이다. 일단 "이르게 하나니"라는 말 자체가 원문에 없다. 번역자가 임의로 넣은 이 표현 하나가 모든 혼란을 야기했다. 그러면 원문은 어떠한지 살펴보자. 아래는 원문의 단어들을 가감 없이 순서대로 번역한 것이다.

　　　　하나님의 의는 복음 안에 나타난다 / '믿음에서 믿음까지' / 그것은 기록된 것과 같다 / 오직 의인은 믿음에서 살아날 것이라고

　　보는 바와 같이 원어에는 '이르게 한다'는 동사가 없다. '믿음에서 믿음까지'는 하나님의 의가 나타나는 범위를 말할 뿐이다. 이 표현은 원어로 '에크 피스테오스 에이스 피스틴'인데 '에크 A 에이스 B'는 영어의 'from A to B'와 같은 숙어다. 예를 들어 "예수께서 유대로부터 갈릴리로 오셨다"(요 4:47)에서 "유대로부터 갈릴리로"는 '에크 유대 에이스 갈릴리'다. 당연히 자주 나오는 관용적인 표현이다.

　　혹자는 에이스의 뜻이 'into'(안으로)임을 지적하면서 뭔가 더 심오한 뜻을 첨가하고 싶을지 모른다. 그렇지 않다. "예수께서 … 데가볼리 지방을 통과하여 갈릴리 호수에 이르시매"(막 7:31) 같은 경우도 똑같이 '에크 데가볼리 에이스 갈릴리 호수'인데, 그렇다고 예수님이 호수 물속으로 들어가셨다는 뜻은 아니니까 말이다.

그러면 이 구절의 뜻은 명확해진다. 만약 어떤 코치가 선수들에게 우리의 승리는 오직 '훈련에서 훈련까지다'라고 했다면 무슨 뜻인가? 훈련에서 시작하여 훈련을 통해서만 승리를 얻을 수 있다는 뜻이고, 한마디로 '오직 훈련'을 강조한 말이다. 바울은 복음 안에 있는 하나님의 의가 '믿음에서 믿음까지'라고 말한다. 그것은 이 의가 믿음에서 시작하여 믿음을 통해서만 나타날 것이라는 말이고, 한마디로 '오직 믿음'이라는 뜻이다. 그러므로 뒤에 곧 이런 말씀이 이어진 것이다. "오직 의인은 믿음으로 살리라 함과 같으니라"(롬 1:17).

로마서의 내용을 조금만 알더라도 너무 당연한 말이다. 로마서는 오직 믿음을 통해 의를 얻는다고 강조 또 강조한다. "사람이 의롭다 하심을 얻는 것은 율법의 행위에 있지 않고 믿음으로 되는 줄 우리가 인정하노라"(롬 3:28). 그래서 로마서의 출발점에 "이 복음은 모든 믿는 자에게 구원을 주시는 하나님의 능력이 됨이라"(롬 1:16, 원문에는 '됨이라'가 없다)는 선언이 미리 나온다.

이 속에는 복음의 작동원리가 들어 있다. 복음을 통해 구원을 얻으려면 오직 믿음뿐이다. 따라서 그다음 구절에, 하나님의 의가 '믿음에서 믿음까지' 나타난다, 즉 '오직 믿음'을 통해서 나타난다고 재차 강조한 것이다.

대부분의 영어성경은 원어대로 이를 'from faith to faith'로 번역하고 있다. 물론 미국인들이 많이 보는 NIV 성경은 조금 다르게 번역했지만 오히려 뜻을 더 잘 살렸기에 여기 소개한다. "by faith from first to last", 즉 '시작부터 끝까지 믿음에 의해서'라고 번역하고 있다. 결국 로마서 1장 17절을 통해 두 가지의 믿음을 운운해서는 안 된다. 그것은 로마서의 '오직 믿음'을 손상시킨다.

결론적으로 이 본문은 '오직 믿음'으로 하나님의 의를 얻는다는 뜻이다. 현재의 개역개정성경의 번역은 이를 혼란시켜 여러 문제를 야기하고 있다. 다음 개정 작업에서 이 오류가 바로잡히기를 바란다.

로마서의 토기장이 비유
과연 귀한 그릇, 천한 그릇이 따로 정해져 있을까

> 이 사람아, 네가 누구이기에 감히 하나님께 반문하느냐. 지음을
> 받은 물건이 지은 자에게 어찌 나를 이같이 만들었느냐 말하겠
> 느냐. 토기장이가 진흙 한 덩이로 하나는 귀히 쓸 그릇을, 하나
> 는 천히 쓸 그릇을 만들 권한이 없느냐. 로마서 9:20-21

어린 시절, 동네 골목에서 두 아이가 논쟁을 벌였다. 곁에서 놀던 우
리는 둘을 에워쌌다. 주제가 흥미로웠다. '태권브이가 강하냐, 마징
가 제트가 강하냐'였다. 각 로봇의 특징을 내세우는 둘의 논리는 정
교했고 신념에 차 있었다. 다툼이 점점 거세지나 싶은 순간 갑자기
둘이 엉켜 싸우기 시작했다. 우리가 떼어 놓자 한 아이의 코에서 피
가 흘렀다. 하지만 그는 눈을 부라리며 다시 상대에게 돌진했다. 그
때 그 아이의 눈빛이 생생하다. 마징가를 위해 순교라도 할 듯 이글
거리던 눈. 하지만 거의 반세기가 지난 지금 그 둘에게 이 주제를 주
면 또 싸울까?

　우리가 믿는 기독교가 이런 모습이 아닐까 하는 생각이 가끔 든
다. 우리는 하나님의 강하심과 전지전능에 목숨을 건다. 여기에 이

의를 달면 무조건 적이다. 당연히 하나님의 강력하심을 열심히 전한다. 그분을 믿으면 병이 낫고 부자가 되고 승진하고 대학도 붙고 등등 불가능한 일이 없다고 말한다. 나라가 급성장하던 시기에는 이런 전도가 꽤 먹혔다. 하지만 여전히 그런가? 아니다. 세상은 지금 대놓고 교회를 비웃는다. 우리가 뿌린 주장을 부도수표로 보기 때문이다.

그러면 이것은 누구 잘못인가? 불경하지만 일단 하나님 잘못이다. 교회가 홍보하는 것의 반만큼만 역사하셨어도 이런 일이 안 생겼을 것 아닌가? 그런데 정신을 가다듬어 보자. 우리가 전할 복음이 하나님의 전지전능인가? 언제 우리에게 이런 식으로 하나님을 선전하라고 하셨나? 예수님은 기적을 행하신 후 남에게 알리지 말라고 자주 경고하셨다(마 9:30; 눅 8:56). 기적과 능력을 통해 믿는 것은 문제가 있다고 복음서는 반복해서 가르친다(마 9:30; 막 1:44; 요 2:23-25, 4:48 등). 그런데 우리는 거대 로봇을 자랑하는 아이들처럼 하나님이 태권도 100단이라고 세상에 자랑하고 싶어 어쩔 줄을 모른다.

모든 종교는 자기가 믿는 신이 최고라고 주장한다. 각 종교마다 수많은 기적과 복받은 이야기가 넘친다. 기독교도 질세라 이들과 경쟁한다. 하나님의 기적이 더 크고 더 많은 복을 주신다고 말이다. 그런데 과연 현실이 그런가? 기독교인이 다른 종교인보다 더 오래 살고 부자고 건강하고 승진도 잘하고 합격도 잘할까? 아니라면 난리날 것이니 일단 그렇다고 치자. 그러면 대략 어느 정도 잘될까? 두 배쯤 그렇다고 가정해 보자. 실제로 이 정도면 엄청나다. 기독교인이 남보다 평균 두 배로 건강하게 오래 부자로 산다면 예수 안 믿을 사람이 어디 있겠는가?

하지만 그래서 하나님이 유일하신가? 다른 종교보다 두 배쯤 우월한 그 부분이 하나님의 전지전능인가? 그래서 우리는 하나님을 섬기는가? 오히려 이런 것이 하나님께 대한 모욕이라는 생각이 들지 않는가? 예를 들어 아인슈타인에게 정말 구구단을 잘 외우신다고 진심으로 온 맘 다해 찬양과 영광을 돌리면 그건 모욕이다. 하나님은 당연히 전지전능하시다. 전지전능하시니까 하나님이시다. 하지만 하나님은 과연 그것으로 우리에게 칭찬받으며 브이 자를 그리고 싶어 하실까? 성경은 하나님의 놀라운 능력을 강조하려고 쓰인 책일까?

오히려 반대다. 하나님은 전지전능하심에도 불구하고 자신을 낮추셨다. 이것이 성경의 핵심이다. 하나님의 본체이신 예수님이 자기를 비워 종의 형체를 가지셨다(빌 2:6-7). 우리와 같은 육체가 되어 인간을 찾아오시고 조롱당하시고 죽기까지 낮아지셨다. 그래서 성경은 "너희 안에 이 마음을 품으라"(빌 2:5)고 명령한다. 예수님의 낮아지심에 우리의 눈과 귀가 향해야 한다는 것이다. 사실 우리는 하나님의 전지전능을 함부로 말하면 안 된다. 그것은 대개 심판과 원수 박멸로 이어진다. 그러면 끝장이다. 인간은 본래 하나님의 원수였기 때문이다(롬 5:10).

그럼에도 우리는 낮아지신 하나님보다 높고 위대하신 하나님을 더 붙들고 싶어 한다. 이것이 조금이라도 손상되면 큰일이라 생각하고 하나님의 능력 수호에 힘을 다한다. 얼핏 굉장한 신앙 같지만 자기만족과 떡고물을 위한 것이 아닌가 하는 의심이 자주 든다. 그 난리를 치면서 기껏 하는 일이 "하나님은 문제보다 크시다"라는 플래카드나 붙이고 감격한다. 결국 내 문제를 위한 도깨비 방망이가 필요했던 것은 아닐까?

하지만 이런 식의 의문을 제기하면 큰일 난다. 지고하신 하나님 앞에 인간 따위가 감히 이의를 제기하느냐고 말이다. 전능하신 하나님은 뭐든 본인 마음대로 하실 권한이 있다고 말이다. 그 권한을 주로 자기 잘되는 일에 적용하는 게 문제라고 해도 말이다. 이 경우 반드시 인용하는 본문이 있다. 바로 로마서의 '토기장이 비유'(롬 9:19-24)다.

> 이 사람아, 네가 누구이기에 감히 하나님께 반문하느냐. 지음을 받은 물건이 지은 자에게 어찌 나를 이같이 만들었느냐 말하겠느냐. 토기장이가 진흙 한 덩이로 하나는 귀히 쓸 그릇을, 하나는 천히 쓸 그릇을 만들 권한이 없느냐(롬 9:20-21).

여기까지 읽으면 확실히 하나님의 뜻에 인간은 토를 달아서는 안 된다는 말처럼 들린다. 그래서 이 구절은 특히 이중예정론을 옹호하는 사람들에게 필살기로 쓰인다. 이중예정이란 창세전에 누구는 천국으로, 누구는 지옥 가기로 이미 결정되었다는 이론이다. 이 이론 역시 하나님의 전지전능을 강조하려다가 나온 것이다. 선악과를 따 먹을 것을 모르고 인간을 창조하셨다면 하나님의 전지전능에 손상이 온다. 누가 뭐래도 하나님은 다 아셨고 미래의 모든 것까지 예정해 놓으셨다. 심지어 아직 태어나지도 않은 자들 중에도 지옥 갈 자와 천국 갈 자가 미리 정해져 있다.

그런데 뭔가 좀 이상하지 않은가? 질문거리가 막 떠오르지 않는가? 그렇다면 성경에서 하나님이 인간들에게 분노하시고 질투하시고 호소하시고 후회하시는 장면은 무엇인가? 망상장애적 원맨쇼를 스스로 즐기시는 것인가? 창세전부터 이미 지옥으로 예정된 사람을, 심지어 그 운명은 절대로 안 바뀌고 중간에 예수를 믿어도 반드시 그 믿음을 버리게 된다는 그런 사람을 대체 왜 세상에 보내시는 걸까? 예정된 자들을 그토록 사랑하시는 하나님은 예정 안 된 자들을 보실 땐 가슴이 하나도 안 아프신가?

무엇보다 이런 의문을 가지는 것이 그렇게 큰 잘못일까? 그래서 용감하게 물어보면 백이면 백, 이 구절이 답으로 돌아온다. 토기장이이신 하나님이 본인 마음대로 하시겠다는데 어디 인간 따위가 감히 반박하느냐고 말이다. 이것은 칼빈이 그의 책《기독교 강요》에서 제일 먼저 보여 준 스킬이다(《기독교 강요》 3권 23장 4절). 하지만 이 모두는 성경을 잘못 읽은 결과다. 토기장이 비유는 그런 뜻이 아니다. 본문 전체를 읽으며 찬찬히 살펴보자.

> **19** 혹 네가 내게 말하기를 그러면 하나님이 어찌하여 허물하시느냐 누가 그 뜻을 대적하느냐 하리니 **20** 이 사람아, 네가 누구이기에 감히 하나님께 반문하느냐. 지음을 받은 물건이 지은 자에게 어찌 나를 이같이 만들었느냐 말하겠느냐. **21** 토기장이가 진흙 한 덩이로 하나는 **귀히 쓸 그릇**을, 하나는 **천히 쓸 그릇**을 만들 권한이 없느냐. **22** 만일 하나님이 그의 진노를 보이시고 그의 능력을 알게 하고자 하

사 **멸하기로 준비된 진노의 그릇을 오래 참으심으로 관용**하시고 23 또한 **영광받기로 예비하신 바 긍휼의 그릇에 대하여 그 영광의 풍성함을 알게 하고자** 하셨을지라도 무슨 말을 하리요. 24 이 그릇은 우리니 곧 유대인 중에서뿐 아니라 이방인 중에서도 부르신 자니라. 25 호세아의 글에도 이르기를 **내가 내 백성 아닌 자를 내 백성이라, 사랑하지 아니한 자를 사랑한 자라 부르리라**(롬 9:19-25).

하나님은 자기 권한대로 "귀히 쓸 그릇"과 "천히 쓸 그릇"을 만드셨다(21절). 심지어 '천히 쓸 그릇'은 더 섬뜩한 명칭을 갖는다. "멸하기로 준비된 진노의 그릇"(22절)이다. 그런데 그 '멸망의 천한 그릇'은 결국 어떻게 되나? 하나님의 뜻에 의해 산산조각 깨지는가? 절대 아니다. 하나님은 이 천한 그릇을 "오래 참으심으로 관용"하셨다(22절). 그분은 자기의 처음 뜻을 철회하셨다. 참고 그 그릇을 깨뜨리지 않기로 하셨다. 즉 애초의 계획을 철회하셨다는 말이다. 이것이 비유의 올바른 진행방향이다.

그런데도 이것이 천한 그릇을 하나님 마음대로 지옥에 던지시겠다는 말씀인가? 그러니 너는 입 닥치고 조용히 지옥에 떨어지라는 말씀인가? 그렇게 말하는 것이 오히려 하나님을 모욕하는 형태다. 하나님 스스로 이 천한 그릇을 관용하고 참겠다고 하신다. 그런데 옆에서 누군가 그 용서받을 그릇을 향하여 "당신은 멸망받기 위해 태어난 사람, 당신의 삶 속에서 이 저주 받고 있지요"라고 신나게 목소리를 높이면 하나님의 마음이 어떠실까? 그것을 보시면서 '아, 얘는 나의 권능을 이토록 높이려고 애쓰는 착한 아이구나' 하실까?

사실 여기서 바울은 이방인과 유대인의 구원에 대해 이야기하는 중이다. "천히 쓸 그릇"으로 표현된 것은 당연히 이방인이다. 그런데 하나님이 이방인을 버리셨나? 천만의 말씀이다. 복음 안에서 '유대인이나 헬라인이나'(롬 1:16, 2:9, 10, 3:9, 10:12) 아무 차별이 없다는 것이 로마서의 핵심이다. 하나님이 천히 쓸 그릇을 오래 참으시고 관용하신다는 것과 정확히 일치한다. 따라서 그 아래 결말을 보라. "내 백성 아닌 자를 내 백성이라, 사랑하지 아니한 자를 사랑한 자라 부르리라"(25절).

"귀히 쓸 그릇"도 마찬가지다. 이 그릇은 당연히 "영광받기로 예비하신" 그릇이다(23절). 하지만 그 앞에 또 이상한 말이 붙는다. 이 영광의 그릇이 하나님의 '긍휼'의 대상이라는 것이다. 쉽게 말해 이 그릇은 불쌍한 그릇이다. 도대체 왜 이런 표현이 붙었을까? 로마서를 제대로 배우면 간단한 이야기다.

바울 당시, 이방인은 예수를 잘 믿었지만 유대인은 잘 안 믿고 오히려 믿는 자를 박해했다. 그러다 보니 교회 안의 이방인들은 유대 족속이 이제 버림받았다고 생각하기 시작했다. 그래서 자기 동족을 사랑했던 바울은 그들에게 이런 말을 거듭 반복한 것이다. '이스라엘의 구원을 위해 차라리 내가 저주를 받았으면 좋겠다'(롬 9:1-3). '이스라엘이 구원을 받는 것이 나의 소원이다'(롬 10:1), '하나님은 이스라엘을 결코 버리지 않으셨다'(롬 11:1).

이어서 바울은 이방인을 콕 집어서 "내가 이방인인 너희에게 말하노라"(롬 11:13)고 운을 뗀다. 그리고 너희보다 참감람나무에 먼저 붙어 있었던 "그 가지들[즉 유대인들]을 향하여 자랑하지 말라"(롬

11:18)고 경고한다. 비록 지금은 유대인들이 구원에서 먼 것 같지만 본래부터 귀한 그릇이었으므로 언젠가 꼭 하나님의 긍휼을 받을 것이기 때문이다. 그래서 모든 결론은 다시 '유대인이나 헬라인이나'로 귀결된다. 하나님은 귀히 쓸 그릇(유대인)도 불쌍히 여기시고 천히 쓸 그릇(이방인)도 용서하시고, 결국 누구든지 예수만 믿으면 유대인이나 이방인이나 다 구원하기로 작정하셨다는 것이 바울이 진짜로 하고 싶은 말이었다.

그래서 이 유명한 구절이 나왔다. "누구든지 그를 믿는 자는 부끄러움을 당하지 아니하리라 하니 유대인이나 헬라인이나 차별이 없음이라"(롬 10:11-12). 이것이 로마서의 핵심이다. 그런데 복음과 구원이 누구에게도 차별 없음을 강조한 토기장이 비유를 가지고, 하나님은 자기 멋대로 하시는 분이고 심지어 태어나기 전에 누구는 천국 가고 누구는 지옥에 보내도 아무 이의를 제기할 수 없다는 뜻이라고 우기면 그것이 정상인가?

물론 이중예정론자들은 "누구든지 그를 믿는 자"(롬 10:11-12)의 의미도 비비 꼬아서 전 인류가 대상이 아니라는 논리를 편다. 그럼 물어보자. 성경은 함정의 책인가? 하나님은 읽는 사람들을 놀려 먹기 위해 성경을 주셨나? '누구든지'(헬라어로 '파스'. all, every의 뜻이다)라 하셔 놓고 '사실 너는 여기 해당 안 돼. 넌 아무리 성경을 읽어도 소용없어'라며 속으로 비웃는 분인가? 결코 아니다. 바울의 말버릇처럼 '그럴 수 없느니라'다.

그러면 혹자는 또 다른 구절을 들이댈 것이다. "내가 야곱은 사랑하고 에서는 미워하였다"(롬 9:13)는 대목은 뭐냐고 말이다. 하나님이 사랑할 자와 미워할 자를 처음부터 정하신 증거가 아니냐고 말이다. 아쉽게도 이 역시 성경을 잘못 읽은 것이다. 바울이 말라기서의 이 구절(말 1:2-3)을 인용한 것은 방금 말한 대로 교회의 이방인들이 유대인을 버림받은 존재로 여겼기 때문이다. 따라서 바울이 하고 싶은 말은 이것이었다.

"이방인 성도들아, 잘 봐봐. 본래 하나님은 야곱(=유대인, 귀한 그릇)을 사랑하셨던 분이야. 그리고 너희 에서(=이방인, 천한 그릇)는 오히려 미움받던 존재였지? 그런데 그런 너희도 구원하신 하나님이 본래 사랑하신 야곱을 버리시겠어? 절대 아니야. 그러니까 더 이상 유대인을 무시하지 마." 이러한 바울의 마음이 잠시 후 '참감람나무 비유'(롬 11:13-24)에서 확연히 드러난 것이다. 유대인들을 향해 "자긍하지 말라"(롬 11:18, 개역한글)고 말이다.

결국 토기장이 비유가 유대인들 입장에서 '천한 그릇'과 '귀한 그릇'을 말했다면, 이 구절은 이방인들 입장에서 '야곱'과 '에서'를 거론한 것이다. 다시 말하지만 교회의 이방인(에서)들이 유대인(야곱)들을 고깝게 보는 분위기가 있었기 때문이다. 그래서 그다음 구절에 "그런즉 우리가 무슨 말을 하리요. 하나님께 불의가 있느냐. 그럴 수 없느니라. 모세에게 이르시되 내가 긍휼히 여길 자를 긍휼히 여기고 불쌍히 여길 자를 불쌍히 여기리라"(롬 9:14-15)는 말이 나온 것이다.

이 구절도 착각하는 사람이 많은데 잘 보시라. 여기에는 흔히 넘겨짚는 대로 '미워할 자를 미워하시겠다'는 말이 없다. 양쪽 모두 긍휼히 여기고 불쌍히 여기시겠다는 말뿐이다. 토기장이 비유와 같은 결론이다.

심지어 그 아래 나오는 완악함의 대명사인 애굽 왕 '바로'도 부정적인 캐릭터가 아니다. "성경이 바로에게 이르시되 내가 이 일을 위하여 너를 세웠으니 곧 너로 말미암아 내 능력을 보이고 내 이름이 온 땅에 전파되게 하려 함이라. 그런즉 하나님께서 하고자 하시는 자를 긍휼히 여기시고 하고자 하시는 자를 완악하게 하시느니라"(롬 9:17-18). 여기서 바로는 긍휼을 얻은 자일까 완악하게 된 자일까? 당연히 후자라고 생각하는 경향이 있다.

하지만 이 구절이 인용된 구약에 가 보면 그렇지 않음을 금방 알 수 있다. 이것은 출애굽기 9장 16절을 인용한 것인데, 15절부터 보면 이렇다. "내가 손을 펴서 돌림병으로 너와 네 백성을 쳤더라면 네가 세상에서 끊어졌을 것이나 **내가 너를 세웠음**은 나의 능력을 네게 보이고 내 이름이 온 천하에 전파되게 하려 하였음이니라"(출 9:15-16). 여기서 하나님은 바로를 돌림병으로 죽일 수 있었지만 죽이지 않고 오히려 '너를 세웠다'(즉 살리셨다)고 하신다. 이것은 완악한 바로까지도 얼마든지 긍휼의 대상이 될 수 있다는 뜻이다.

따라서 "그런즉 하나님께서 하고자 하시는 자를 긍휼히 여기시고 하고자 하시는 자를 완악하게 하시느니라"(롬 9:18)는, 긍휼히 여길 자와 완악할 자가 미리 정해졌다는 뜻이 아니라 완악하도록 정해진 바로 같은 인간도 하나님은 얼마든지 불쌍히 여기실 뜻을 갖고 계시다는 말이다. "멸하기로 준비된 진노의 그릇을 오래 참으심으로 관용"(롬 9:22)하신 것처럼 말이다. 그러면 그다음 구절도 풀린다. 먼저 개역개정의 이 구절에는 단어가 하나 빠졌다. 원문에는 헬라어 '에티'(아직, 여전히)가 있는데 이것을 번역하지 않았다(확인하고 싶으면 다른 번역들을 보라).

따라서 이 구절을 온전히 번역하면 "그러면 하나님이 어찌하여 아직 허물하시느냐? 누가 그 뜻을 대적하느냐?"(롬 9:19)다. 여기서 하나님이 아직도 허물하시는 대상은 누구일까? 일부러 목적어를 뺀 것을 보면 일반적인 모든 사람을 의미한다(여러 번역들이 이를 따른다). 따라서 이것을 앞 구절들과 연결해 보면 결국 이런 뜻이다.

"미움받은 에서도 완악한 바로도 사랑하고 세워 주시겠다는 것이 그분의 뜻이면 결국 누구나 구원받을 수 있다는 건데 왜 아직도 하나님은 인간의 죄를 지적하시느냐? 무엇보다 인간의 구원을 이렇게 자기 마음대로 하셔도 되냐? 지옥 갈 놈들에게는 구원의 기회를 주지 말아야 하는 것 아니냐?" 바울은 지금 이런 불만을 토로할 사람들을 미리 가정한 것이다(일명 '디아트리베 수사법').

어떤가? 오히려 이 불만이 이중예정론의 논리이지 않은가? 바로 여기에 대고 바울은 "네가 누구이기에 감히 하나님께 반문하느냐"(롬 9:20)를 일갈한 것이다. 그 후 토기장이의 비유를 통해 하나님은 귀한 그릇도 천한 그릇도 다 불쌍히 여기시고 구원하실 권한이 있다고 발표하였다. 그러니까 우리가 감히 반문하면 안 되는 것은 하나님이 모든 자에게 차별 없이 구원의 길을 열어 주셨다는 사실이다.

즉 창세전에 누구를 지옥에 보내기로 미리 예정하신 것이 아니라는 말이다. 왜냐하면 예수님이 십자가를 지신 후로 누구든지 주님을 영접하면 유대인이나 헬라인이나 다 구원을 받기 때문이다. 이것이 로마서 9장의 핵심이요 그 핵심 중의 핵심이 바로 토기장이 비유다.

노파심에 다시 말하지만 토기장이 비유는 하나님이 마음대로 하시므로 너는 입 다물고 그냥 지옥 가라는 의미가 절대 아니다. 하나님이 마음대로 하시므로 반드시 죽어야 할 것 같은 사람도 살아날 수 있다는 뜻이다. 그런데 전지전능을 옹호한다는 명목으로 만인을 위해 죽기까지 낮아지신 하나님을 이상한 분으로 만들다니, 정말 큰 비극이다. 앞으로 더 이상 토기장이 비유 운운하면서 하나님의 진심을 왜곡하는 행태가 교회에서 사라지기를 소망한다.

수술하는 하나님의 말씀

하나님의 말씀은 수술칼처럼 인간을 치료할까

> 하나님의 말씀은 살아 있고 활력이 있어 좌우에 날선 어떤 검보
> 다도 예리하여 혼과 영과 및 관절과 골수를 찔러 쪼개기까지 하
> 며 또 마음의 생각과 뜻을 판단하나니. 히브리서 4:12

어떤 분과 대화하는데 자신에게 놀라운 환상을 본 체험이 있다고 말
했다. 한 집회에 참석했는데 강사님이 병자에게 손을 올려 기도하니
까 그분의 손가락이 수술메스처럼 변하더라는 것이다. 그는 하나님
의 말씀이 좌우에 날선 검보다 더 예리하게 사람을 찔러 치료하는
것을 목격했다고 감격스럽게 말했다.

그가 인용한 '좌우에 날선 검'은 히브리서 4장 12절에 등장하는
것으로, 이 구절은 교회에서 치료의 능력을 이야기할 때 자주 인용
한다. 그래서 이 본문으로 하나님의 말씀에 찔리기를 추구해야 한다
고 외친다. 하지만 결론부터 말하면 그건 그런 뜻이 아니다.

성경 본문을 제대로 해석하려면 필수 원칙이 있다. 전체 흐름 속
에서 내용을 파악해야 한다. 당연히 앞뒤에 어떤 내용이 있는지 살
펴야 한다. 간단한 예로 "네가 하나님은 한 분이신 줄을 믿느냐. 잘

하는도다"(약 2:19a-b)까지만 읽으면 '하나님이 한 분이심을 믿는 것이 칭찬받는 일이구나'로 오해할 수 있다. 하지만 이 구절은 곧 "귀신들도 믿고 떠느니라"(약 2:19b-c)로 이어진다. 따라서 이 "잘하는도다"는 칭찬이 아니라 비꼬는 말이다.

히브리서 4장 12절에는 "하나님의 말씀은 살아 있고 활력이 있어 좌우에 날선 어떤 검보다도 예리"하다고 나온다. 그래서 인간의 "혼과 영과 및 관절과 골수를 찔러 쪼개기까지" 한다. 여기까지 보면 말씀은 인간의 질병을 수술하는 도구처럼 보인다. 하지만 칼로 살을 째서 수술하는 것은 지금 우리에게나 익숙하지 고대에는 낯선 개념이었다. 이런 식의 편견이 그릇된 해석을 조장한다. 그러니 가슴에 뭔가 찡하게 다가와도 일단 가라앉히고 좀 냉정해질 필요가 있다. 그러면 그다음 구절도 눈에 들어온다. "또 마음의 생각과 뜻을 판단하나니" 말이다.

여기에 '하나님의 말씀'의 진짜 기능이 있다. 그것은 인간을 '판단'하고 '심판'하는 것이다. "판단"으로 번역된 '크리티코스'는 '심판할 능력이 있는'이란 뜻이다. 결국 이 본문에 나온 '하나님의 말씀'은 심판을 위한 도구다. 인간의 영과 혼과 육체를 갈라서 치료하는 것이 아니라 그 속에 숨겨진 죄악을 드러내어 심판한다. 이것은 다음에서 더 확실해진다. "지으신 것이 하나도 그 앞에 나타나지 않음이 없고 우리의 결산을 받으실 이의 눈앞에 만물이 벌거벗은 것같이 드러나느니라"(히 4:13).

하나님의 말씀 앞에 인간을 포함한 모든 피조세계의 숨은 것들이 낱낱이 드러난다. "감추인 것이 드러나지 않을 것이 없고 숨긴 것이

1부 신약 편: 껍데기를 깨고 참뜻으로

알려지지 않을 것이 없나니"(눅 12:2)라는 예수님의 말씀대로다. 그 래서 본문 속의 하나님은 '우리의 결산을 받으실 분'이다. '결산'이 라고 번역된 단어는 '로고스'다. 우리가 지금 살피고 있는 '하나님의 말씀'의 '말씀' 역시 '로고스'다. 로고스는 기본적으로 '말'이라는 뜻 이다.

따라서 본문 속에는 이런 구도가 담겨 있다. 재판에서 검사가 증 거를 낱낱이 밝혀 추궁하면 범인이 자백하듯이, 하나님의 말씀(로고 스)이 인간의 죄를 속속 드러내면 마침내 인간 스스로 자신이 죄인 임을 실토(로고스)하게 된다는 것이다. 따라서 개역개정성경이 로고 스를 '결산'이라고 번역한 것은 좋은 번역이다. 영어성경들도 대부 분 이 단어를 '어카운트'(account, 계산)라고 번역한다. 모든 인간의 죄 가 하나님 앞에 드러나는 그날이 결산의 날, 곧 심판의 날이다.

그러면 다음 구절도 자연스럽게 풀린다. "그러므로 우리에게 큰 대제사장이 계시니 승천하신 이 곧 하나님의 아들 예수시라. 우리가 믿는 도리를 굳게 잡을지어다"(히 4:14). 여기서 "그러므로"는 이미 살핀 대로 '하나님의 말씀이 우리의 죄를 다 드러내어 심판하실 것 이므로'다. 이 심판에서 자유로운 인간은 없다. 구원받을 길은 오직 "하나님의 아들 예수"를 믿는 것뿐이다. 그래서 "우리가 믿는 도리 를 굳게 잡을지어다"가 결론인 것이다. 곧 다시 이어지듯이 예수님 은 우리의 연약함을 동정하지 못하실 이가 아니기 때문이다(히 4:15).

그런데 곧이어 또다시 '그러므로'가 등장한다. "그러므로 우리는 긍휼하심을 받고 때를 따라 돕는 은혜를 얻기 위하여 은혜의 보좌 앞에 담대히 나아갈 것이니라"(히 4:16). 심판 앞에서 인간이 바라볼

것은 오직 주님의 긍휼과 도우심과 은혜뿐이라는 말이다. 성경의 핵심에서 한 치도 빗나감이 없는 결론이다.

그러므로 하나님의 말씀에 찔려 치료를 받자고 말하면 안 된다. 이 본문이 말하는 날선 검에는 찔리지 않는 자가 복이 있다. 치료의 검이 아니라 우리 속의 죄를 뒤져 심판하실 검이기 때문이다. 그러므로 우리는 심판이 오기 전에 날마다 주님의 은혜의 보좌에 담대히 나아가 긍휼과 은혜를 구하며 살아야 한다.

그러면 왜 히브리서 4장 12절은 치료의 메시지로 자주 오해를 받은 것일까? 이것은 사도행전과 관련이 있다. 오순절 성령강림 후 "베드로가 열한 사도와 함께 서서 소리를 높여"(행 2:14) 복음을 외쳤을 때 유대인들은 "이 말을 듣고 마음에 **찔려** … 형제들아, 우리가 어찌 할꼬"(행 2:37) 하고 외쳤다. 그때 베드로는 "예수 그리스도의 이름으로 세례를 받고 죄 사함을 받으라"(행 2:38)고 선포했고, 결국 3천 명이 회심하였다. 이때 베드로가 외친 말씀은 심판이 아니라 구원의 말씀이다. 이것을 히브리서 4장 12절에 그냥 적용한 것이다. 둘 다 말씀이 인간을 '찔렀다'는 분위기가 있기 때문이다.

하지만 이것은 어디까지나 사도행전 본문에만 적용되는 구도다. 개역개정성경이 두 본문 모두를 '찔렀다'로 번역했지만, 원문의 두 단어는 전혀 다르다. 사도행전에 나오는 단어는 '카타넛소마이'로 '마음에 심한 동요가 일어났다'는 뜻이고, 히브리서에 나오는 단어는 '디이크네오마이'로 '샅샅이 훑는다'는 뜻이다.

무엇보다 성경에는 "좌우에 날선 검"이라는 표현이 두 번 더 나오는데 모두 예수님의 입에서 나오는 말씀을 가리킨다(계 1:16, 2:12).

이 말씀은 마지막 날 심판의 도구로 나타난다. 그날에 "백마와 그것을 탄 자"(계 19:11)가 하늘로부터 나타나는데 그분은 "만왕의 왕이요 만주의 주"(계 19:16)이시다. 그는 "피 뿌린 옷을 입었는데 그 이름은 '하나님의 말씀'이라 칭하더라"(계 19:13).

이는 당연히 우리 예수님을 가리키는 구절들이다. 예수님은 그날에 '공의로 **심판**하여 싸우시겠고'(계 19:11), '그의 입에서 예리한 검이 나오니 그것으로 만국을 치겠고 … 전능하신 이의 맹렬한 진노의 포도주 틀을 밟으실'(계 19:15) 것이다. 이처럼 성경이 말하는 '좌우에 날선 검' 이미지는 심판이라는 것이 다시 한번 확증된다.

성경은 하나님의 말씀이면서 동시에 인간의 말이다. 하나님은 인간과 소통하시려고 인간의 언어에 자기 뜻을 담아 주셨다. 인간의 말은 아 다르고 어 다르다. 편견 가운데 마음대로 해석하면 안 된다. 앞뒤 상황과 행간을 보고 파악해야 한다. 비슷한 단어가 있다고 이 본문과 저 본문을 마구 연결시키면 안 된다. 그것은 이단들의 수법이다.

바른 성경 읽기는 치밀함과 신중함이 필수다. 토끼를 잡았으니 아마 여우일 거라는 식의 성경 읽기가 반복되면 교회는 진리의 궤도를 벗어나고 만다. 귀한 보석일수록 철저히 감정하듯이 인류의 보물인 성경은 더욱 신중히 연구해야 마땅하다.

하나님의 직무유기

신이 있다면 세상이 왜 이 모양일까

> 만일 그리스도 안에서 우리가 바라는 것이 다만 이 세상의 삶뿐
> 이면 모든 사람 가운데 우리가 더욱 불쌍한 자이리라. … 죽은
> 자가 다시 살아나지 못한다면 내일 죽을 터이니 먹고 마시자 하
> 리라. 고린도전서 15:19, 32

1755년 11월 1일 토요일, 이날은 가톨릭 축제인 만성절이었다. 포르
투갈 수도 리스본에는 예배에 참석하려는 사람들로 북적거렸다. 그
런데 오전 9시 40분경 리히터 규모 9.0에 해당하는 대지진이 발생
했다. 이로 인해 당시 리스본 인구의 20퍼센트에 가까운 4만 명이
목숨을 잃었다. 건물도 1만 채 이상 무너졌고 주변 지역까지 합치면
거의 10만 명가량이 죽었다. 이 지진으로 기독교 신앙에 의존하던
당시 유럽은 신을 의심하기 시작했다. 온 도시가 폐허가 된 와중에
매춘 굴만 멀쩡해서 더욱 그랬다. 성직자들은 이 모순 앞에 답을 내
놓지 못했다. 자연스레 신앙은 몰락해 갔고 유럽은 세속화의 급물살
을 타기 시작했다.

 신이 존재할까? 신이 없다는 생각 속에는 한 가지 질문이 들어 있

다. 선하고 전지전능한 신이 있으면 왜 세상에 악과 비극이 존재할까? 왜 전쟁이 그치지 않고 굶주린 아이들과 배고픈 사람들이 있고 돌발적인 사고와 갑작스러운 자연재해로 고통받는 사람들이 있을까? 신은 악을 막을 의지가 없는가, 아니면 능력이 없는 것인가? 기독교가 말하는 그런 신은 없다고 봐야 모든 것이 이해가 가지 않을까?

비단 교회 밖의 사람들만 이런 생각을 하는 것이 아니다. 교회 안에도 신에게 불만을 품는 사람이 꽤 있다. 아이러니하게도 주로 개인적 차원인 경우가 많다. 예를 들어, 우리 애는 대학에 떨어졌는데 안 믿는 저 집 애는 좋은 대학에 들어가고, 나는 승진에서 떨어졌는데 안 믿는 김 과장은 쑥쑥 승진하고, 나는 몸이 약한데 저 사람은 건강하고 등등이다. 이런 생각이 반복되다가 끝내 신앙을 버리는 경우도 있다.

이처럼 신이 없다는 생각 혹은 신이 직무유기를 하고 있다는 생각들은 교회 안팎에서 날이 갈수록 팽배해지고 있다. 하지만 결론부터 말하면 바로 이런 것들 때문에 오히려 신을 인정하고 요청해야 정상이다. 리스본 대지진 당시 독일에는 철학자 칸트가 살고 있었다. 그는 이 참사에 큰 관심을 보였고, 당시 추세와 달리 신과 관련 없이 과학적으로 접근해야 한다는 논문을 썼다. 이런 이성적인 태도는 나중에 지진학의 초석을 놓는 데도 기여했다. 그만큼 칸트는 이성을 중시했고 나중에는 인간의 이성 자체를 깊이 연구했다.

그래서 나온 책이 《순수이성비판》이다. 이 책에서 칸트는 인간의 순수한 이성의 한계를 규명한다. 이성은 감각으로 다가갈 수 있는 세계만 인식할 뿐 저 너머의 세계, 우리식으로 하면 영적인 세계를 인지할 수 없다는 것이 그의 결론이다. 하지만 7년 뒤 칸트는 다시 《실천이성비판》을 내놓았다. 여기서 그는 인간에게 '순수이성'뿐만 아니라 '실천이성'도 있다고 했다. 모든 인간은 도덕의지가 있어서 선한 일을 해야 한다는 명령을 받고 있으며 이를 실천하면 행복해진다는 것이다. 하지만 이 땅에서 이 법칙이 항상 성립되지는 않기 때문에 결국 인간에게 영혼불멸과 신의 존재가 요청된다고 주장했다. 그래서 칸트를 철학으로 신에게 도달한 사람이라고 말하곤 한다.

군이 칸트의 예를 든 것은, 신앙을 배제한 상태에서도 제대로 고뇌하면 신의 윤곽을 어느 정도 알 수 있음을 보여 주기 위해서다. 세상이 불합리하기 때문에 신이 없는 것이 아니라 오히려 그렇기에 이 모순을 정리해 줄 신이 필요하다. 그래서 칸트는 신이 '요청'된다고 했다. 하지만 이것은 결국 가정법이다. 그는 정답을 말한 것이 아니라 언저리에서 변죽만 울렸다. 성경을 배제하고 철학적 이성으로만 신에게 다가가려 했기 때문이다. 온전한 진실은 이미 성경에 자세히 나와 있다.

성경의 첫 권인 창세기는 하나님의 천지창조가 얼마나 좋고 아름다운 것이었는지 말해 준다. 하지만 본질은 그것이 아니다. 진짜 핵심은 그 좋던 세상이 인간의 범죄로 망가졌다는 것이다. 그래서 하나님은 죄인들에게 선고를 내리셨다. "네 평생에 수고하여야 그 소산을 먹으리라. 땅이 네게 가시덤불과 엉겅퀴를 낼 것이라"(창 3:17-18). 지금 우리가 느끼는 이 땅의 불합리와 부조리는 바로 이 가시와 엉겅퀴들이다.

그렇다면 이 세상은 모순된 곳이 아니라 매우 성경적이다. 신이 그럴 거라고 선언한 대로 잘 돌아가는 중이다. 그러면 이 모순된 세상의 결말은 무엇일까? 신 앞에 모든 죄는 폐기처분되어야 한다. 따라서 지금 이 땅의 모든 존재는 재판을 기다리는 중이다. 그 재판을 통과하지 못하면 멸망이 있다. 신은 이런 계획을 인류 역사에 미리 한번 보여 주신 적이 있다. 바로 '노아의 홍수'다. 다음 구절은 인간의 심판과 종말을 계획한 하나님의 심정을 잘 보여 준다.

여호와께서 사람의 죄악이 세상에 가득함과 그의 마음으로 생각하는 모든 계획이 항상 악할 뿐임을 보시고 땅 위에 사람 지으셨음을 한탄하사 마음에 근심하시고 이르시되 내가 창조한 사람을 내가 지면에서 쓸어버리되(창 6:5-7).

성경의 진리는 여기에서 출발한다. 인간의 죄악과 그로 인해 망가진 세상은 멸망할 곳이다. 존 번연이 《천로역정》에서 세상을 '파멸의 도시'(The city of Destruction)로 표현하고 이를 우리 선조들이 '장망성'(將亡城)으로 번역한 것은 둘 다 촌철살인이다. 그러니 신이 있으면 세상이 왜 이 모양이냐고 의문을 가지는 것은 큰 오해다. 성경을 제대로 알면 오히려 고개를 끄덕여야 정상이다. 이 세상은 곧 무너질 곳이고 그 일이 있기 전까지는 악이 득세한다. 오물에 벌레와 더러운 것이 득실대듯 말이다. 인간 스스로 이것을 정화할 능력은 없다. 인간이 바로 오염의 근원이기 때문이다.

그래서 예수님은 지금 이 세상의 임금을 마귀라고 하셨다(요 12:31,

14:30, 16:11). 마귀가 두루 다니며 득세하고 있다는 말이다(벧전 5:8). 하나님이 힘이 없어 이렇게 된 것이 아니다. 물건이 망가져서 버려야 할 상태라 구석에 일단 밀어 두셨다는 의미다. 쓰레기차가 오기 전까지는 거기에 오만 더러운 것들이 스며들고 장악한다. 그것이 바로 현 세상의 상태다. 하지만 대청소의 날은 반드시 온다. 성경은 이것을 "천하를 공의로 심판할 날"(행 17:31)이라고 소개한다.

그날에는 모든 더러운 것들과 더럽힌 것들이 불에 타서 사라질 것이다. 그때 예수님은 이렇게 말씀하실 것이다. "저주를 받은 자들아, 나를 떠나 마귀와 그 사자들을 위하여 예비된 영원한 불에 들어가라"(마 25:41). 이렇게 정화 작업이 끝나면 세상은 새롭게 되어 본래의 주인을 맞이할 것이다. 구약의 예언에는 이렇게 나온다.

> 여호와께서 아시는 한 날이 있으리니 낮도 아니요 밤도 아니라. 어두워 갈 때에 빛이 있으리로다. … 여호와께서 천하의 왕이 되시리니 그날에는 여호와께서 홀로 한 분이실 것이요 그의 이름이 홀로 하나이실 것이라(슥 14:7, 9).

세상은 날로 어두워 간다. 하지만 어두움은 빛의 전조다. 마침내 세상이 회복될 시나리오의 예고편이다. 이것이 성경의 세계관이다. 하지만 성경의 목적은 이것을 폭로하는 데에만 있지 않다. 궁극적으로 성경이 말하려는 것은 이 참혹한 현실에 하나님의 구원이 주어졌다는 것이다. 요한복음은 예수님이 "자기 땅에 오매 자기 백성이 영접하지 아니하였으나 영접하는 자 곧 그 이름을 믿는 자들에게는 하나님의 자녀가 되는 권세를 주셨"다(요 1:11-12)고 밝힌다.

하나님은 가망 없이 버려진 이 세상을 가련히 여기셨다. 그래서 자기 아들을 육체로 보내셨다. 세상 파괴의 주범인 인간에게 사랑을 베푸신 것이다. 결국 모든 것은 이렇게 요약된다.

하나님이 세상을 이처럼 사랑하사 독생자를 주셨으니 이는 그를 믿는 자마다 멸망하지 않고 영생을 얻게 하려 하심이라(요 3:16).

본래 예수님은 세상을 심판하실 분이다. 하지만 그 전에 먼저 구원의 길을 여셨다. 그래서 이 말씀은 이렇게 이어진다. "하나님이 그 아들을 세상에 보내신 것은 세상을 심판하려 하심이 아니요 그로 말미암아 세상이 구원을 받게 하려 하심이라"(요 3:17). 여기서 우리가 사는 '시간'의 정체가 밝혀진다.

수많은 철학과 종교, 심지어 과학까지 시간을 열심히 탐구하고 있다. 도대체 시간은 무엇일까? 복음이 말하는 시간은 선물이다. 인간이 하나님의 사랑을 받아들이고 하늘의 자녀가 될 수 있는 기회다. 그래서 '프레젠트'(present, 현재)는 '프레젠트'(present, 선물)인 것이다. 이 비밀을 알고 바울은 이렇게 외쳤다. "보라. 지금은 은혜받을 만한 때요 보라 지금은 구원의 날이로다"(고후 6:2).

인간의 현재는 멸망을 벗어날 틈새의 기회다. 이것이 성경이 말하려는 것이다. 그래서 이것은 기쁜 소식, 곧 복음이다. 따라서 성경을 아는 자는 세상의 악과 부조리에 절망하면 안 된다. 이것은 오히려 세상이 제대로 잘 진행되고 있다는 증거다. 모든 것에는 원인과 결과가 있고 악에는 심판이 따라야 정상이다. 부조리한 세상은 심판과 파멸로 종결될 것이다. 이 과정을 지금 달리는 중이다. 이 긴박한 틈새에 하나님의 사랑을 영접한 자는 마침내 악이 처벌받고 폐기되는 것을 반드시 목격할 것이다.

하지만 그때까지 성도는 괴롭다. 거룩함을 배웠기에 세상의 악취를 더 견디기 힘들다. 세상의 조류에 흘러갈 때는 괜찮았던 일도 하늘의 가치관이 생기자 마찰이 시작된다. 결국 신자는 세상 사는 동안 어떤 식으로든 고통을 겪게 된다. 성경은 이것을 대놓고 선언한다. "그리스도 예수 안에서 경건하게 살고자 하는 자는 박해를 받으리라"(딤후 3:12). 악한 세상은 하나님의 자녀들의 출현이 미워서 박해할 수밖에 없다. 세상의 실체를 간파하고 진실의 빨간약을 전하기 때문이다.

이 일은 본래 예수님이 먼저 시작하셨다. 인간을 구원하시려면 세상의 실체부터 가르치셔야 했으니까. 그래서 이렇게 선언하셨다. "세상이 **너희**를 미워하지 아니하되 나를 미워하나니 이는 내가 세상의 일들을 악하다고 증언함이라"(요 7:7). 여기 나오는 "너희"는 세상에 속한 사람이다. 세상에 편승한 사람은 세상과 짝을 이뤄 잘 산다. 하지만 그 마지막은 멸망이다.

그래서 주님은 세상이 악하다고 폭로하셨고 세상에게 미움을 받으셨다. 우리도 이 일을 이어받았다. 예수님의 자녀들도 악을 고발하다가 세상의 미움을 받는다. 그런데 바로 이것이 하늘에 속한 자의 증거다. 예수님은 이렇게 말씀하셨다.

세상이 너희를 미워하면 너희보다 먼저 나를 미워한 줄을 알라. 너희가 세상에 속하였으면 세상이 자기의 것을 사랑할 것이나 너희는 세상에 속한 자가 아니요 도리어 내가 너희를 세상에서 택하였기 때문에 세상이 너희를 미워하느니라(요 15:18-19).

오늘날 교회는 세상의 눈에 잘 보이려고 애쓰는 경향이 있다. 이것이 무조건 잘못된 일은 아니다. 복음을 위해 적정선에서 기울일 필요가 있는 노력이다. 하지만 진리를 흠집 내면서까지 이렇게 하면 안 된다. 그럴 때는 욕을 먹는 것이 훨씬 낫다. 교회가 잘못해서 욕을 먹으면 정말 부끄러운 일이다. 하지만 의를 위해 욕을 먹으면 감수하고 기뻐할 일이다. 도리어 이런 욕을 안 먹는 것을 부끄러워해야 한다. 악한 세상에서 의를 위해 핍박받는 것이 하늘에 속한 증거이기 때문이다.

또한 불평으로 신앙을 오염시켜서도 안 된다. 오히려 신앙은 불평과 불만이 나올 상황을 스스로 받아들이는 것이다. 그런 것이 전혀 없이 예수 믿고 모든 것이 잘되고 풍성해지고 부유해지고 건강해진다고 하는 것은 거짓 복음이요 세속의 사상이다. 사도 바울은 이렇게 말한다.

만일 그리스도 안에서 우리가 바라는 것이 다만 이 세상의 삶뿐이면 모든 사람 가운데 우리가 더욱 불쌍한 자이리라. ⋯ 죽은 자가 다시 살아나지 못한다면 내일 죽을 터이니 먹고 마시자 하리라. 속지 말라. 악한 동무들은 선한 행실을 더럽히나니 깨어 의를 행하고 죄를 짓지 말라(고전 15:19, 32-34).

하나님의 심판과 멸망, 그것이 없다면 먹고 마시고 즐기며 사는 것이 가장 똑똑한 행동이다. 100년 정도 짧은 인생에서 정의와 선함을 추구하는 것이 오히려 어리석다. 그러나 모든 원인에는 결과가 있듯이 모든 불합리는 참혹한 결과를 맞이할 것이다. 그러므로 깨어나야 한다. 이 비밀을 깨달은 바울은 세상에 속한 것들을 배설물처럼 버리고 저 하늘을 위해 인생을 바쳤다.

문제는 이렇게 명백한 가르침이 있는데도 우리는 자꾸 곁길로 나간다. 세상의 비위를 맞추려고 진리를 왜곡한다. 어떡하든 사람을 모으려고 복음의 본질을 훼손한다. 그래서 심판의 하나님 대신 램프의 요정 같은 신을 퍼뜨렸다. 그러니 세상이 오해하는 것도 당연하다. 애초에 그런 하나님은 없는데 뻥을 쳤으니 세상이 하나님을 거짓말쟁이거나 혹은 무능력하다고 여기는 것이다. 하나님을 널리 알린답시고 결국 망신만 안겨 드린 것이다.

이제라도 올바로 전해야 한다. 이 부조리한 세상이 오히려 하나님이 계신 증거임을 말이다. 그러니까 현재의 기회를 속히 붙잡으라고 말이다. 동시에 이를 통한 오해와 박해도 기꺼이 감수해야 한다. 그래야 이 모든 불합리와 부조리가 통쾌하게 해결되는 날 기쁘게 박수칠 수 있다. 그렇지 않으면 슬피 울며 이를 가는 날이 될 것이다. 이것이 성경의 가르침이다. 예수님은 다음 말씀으로 정점을 찍으신다.

의를 위하여 박해를 받은 자는 복이 있나니 천국이 그들의 것임이

라. 나로 말미암아 너희를 욕하고 박해하고 거짓으로 너희를 거슬러 모든 악한 말을 할 때에는 너희에게 복이 있나니 기뻐하고 즐거워하라. 하늘에서 너희의 상이 큼이라. 너희 전에 있던 선지자들도 이같이 박해하였느니라(마 5:10-12).

세상의 불합리와 행악자의 득세를 불평하지 말고 하나님의 계획을 바라보자. 이를 위해 받는 고통은 반드시 명예로운 면류관이 될 것이다.

2부   구약 편: 질문을 통해 참뜻으로

원(原)원죄

원죄 이전에도 죄가 있었을까

> 네가 먹는 날에는 반드시 죽으리라. 창세기 2:17
>
> 너희가 결코 죽지 아니하리라. 창세기 3:4

기독교의 핵심에는 원죄 교리가 있다. 선악과를 따 먹은 아담의 죄가 온 인류에게 전해진다는 내용이다. 원죄는 인간이 주도해서 저지른 것이 아니다. 마귀의 유혹을 통해 이루어졌다. 마귀는 하나님께 가장 먼저 죄를 지은 존재다. "너 아침의 아들 계명성이여 어찌 그리 하늘에서 떨어졌으며, 너 열국을 엎은 자여 어찌 그리 땅에 찍혔는고"(사 14:12)라는 구절이 이를 보여 준다.

"계명성"으로 번역된 히브리어 '헤일렐'은 '빛나다'라는 뜻인데, 라틴어로는 '루시페르'다. 그래서 마귀를 '루시퍼'라고 부른다. 마귀는 "내가 하늘에 올라 하나님의 뭇별 위에 내 자리를 높이리라"(사 14:13)면서 교만을 떨다가 스올 곧 구덩이 맨 밑에 떨어짐을 당하는 처벌을 받았다(사 14:15).

이 본문은 본래 바벨론 왕에 대한 구절이지만(사 14:4), 그의 몰락을 마귀의 타락에 비긴 것으로 본다. 예수님도 이와 비슷한 표현들을 하시는데, 예를 들어 "사탄이 하늘로부터 번개같이 떨어지는 것을 내가 보았노라"(눅 10:18)라든지 "마귀와 그 사자들을 위하여 예비된 영원한 불"(마 25:41)이 있다는 등의 말씀은 위의 내용과 상통하는 부분이 있다.

이런 마귀가 인간을 유혹해서 원죄를 낳은 것이다. 따라서 마귀의 유혹은 원죄의 원죄, 곧 원죄의 뿌리다. 여기서는 이를 '원(原)원죄'라고 부르겠다. 원죄에 관심이 많은 사람일지라도 원원죄에까지 관심을 두는 이는 많지 않다. 하지만 원원죄는 모든 죄의 출발이요 나아가 성립 방식이다. 이 방식으로 원죄가 주어졌고 우리 유전자에 각인되어 지금도 죄가 발생할 때 이 방식이 자주 작동한다. 따라서 마귀의 원원죄를 이해하면 죄의 실체를 파악할 수 있다. 성도는 구원받았지만 여전히 죄와 싸우며 산다. 그러므로 원원죄를 아는 것은 거룩한 삶을 살아가는 데 많은 도움을 준다.

원원죄의 출발은 선악과다. 인간이 이것을 따 먹도록 하는 데 마귀는 심혈을 기울였고 성공했다. 그렇다면 선악과란 무엇인가? 우리는 자주 선악과에 대해 불평을 한다. 하나님은 선악과를 왜 만드셔서 인간이 죄인이 되도록 하셨느냐고 말이다. 그러다 보니 선악과가 어떤 함정이나 덫처럼 느껴진다. 하지만 반대다. 인간에게 에덴동산을 주시면서 하나님은 "동산 각종 나무의 열매는 네가 임의로 먹되"(창 2:16)라고 말씀하셨다. "각종"이란 '모든'이라는 뜻이며 "임의로"는 '마음대로'다. 하나님은 인간이 모든 것을 마음대로 하도록 허락하셨다. 게다가 이 나무 열매는 단순히 식물성 과일만 뜻하는 것이 아닌 듯하다. 생명나무나 선악을 알게 하는 나무 등 추상적인 개

넘도 있는 것으로 보아 많은 의미를 내포한 열매다. 이것을 다 인간에게 허락하신 것이다.

이처럼 선악과는 축복의 바탕에서 이해해야 한다. 모든 것이 허락된 상태에서 유일하게 주어진 법이 선악과였다. 이 경우, 선악과는 함정이 아니라 보증이 된다. 놀이동산 자유이용권을 구입하면 손목에 이를 증명하는 링을 채운다. 그 링이 손에 걸리적거린다고 저주로 여기는 어린이는 없다. 인터넷에서 검색해 보면 아이들이 손목 링을 치켜들고 얼마나 즐거워하는지 사진을 볼 수 있다. 선악과가 이런 것이다. 모든 것이 허락되었는데 그것을 상징하는 것이 선악과다. 심지어 선악과로 무엇인가를 해야 하는 것도 아니다. 안 먹고 그냥 무시하면 오케이다.

이런 면에서 하나님은 정말 통이 크신 분이다. 영국 수상이 왕 앞에 설 때도 복잡한 규정을 거쳐야 한단다. 창조주와 피조물 사이에는 말할 것도 없다. 하지만 하나님은 다 생략하셨다. 그래서 거기가 에덴동산이다. 에덴은 '기쁨' 혹은 '즐거움'을 뜻한다. 선악과를 안먹는 한 인간에게는 기쁨만 충만하다. 하지만 이 법이 파괴되면 문제가 심각해진다. 모든 법에는 처벌이 따른다. 하나님은 "네가 먹는 날에는 반드시 죽으리라"(창 2:17)고 하셨다. 처벌이 지나치게 센 것 아니냐 싶지만, 아니다. 유일한 법이므로 유일한 처벌이 붙는 것이 맞다.

마귀는 이 부분을 파고들었다. 그는 하와에게 이렇게 접근한다. "하나님이 참으로 너희에게 동산 모든 나무의 열매를 먹지 말라 하시더냐"(창 3:1). 여기에 교묘한 전략이 들어 있다. 마귀는 선악과를 직접 거론하지 않는다. 인간 스스로 관심을 갖게 만든다. 본래 선악과는 관심과 연구대상이 아니다. 그냥 내버려두면 된다. 하지만 마귀는 허락된 부분에 금기를 섞어 혼란을 일으킨다. 오늘날 포스트모던의 추세와 비슷하다. 소수와 약자의 소외 문제에 죄의 영역도 끼워 넣는다. 말 그대로 그놈은 "간교"(창 3:1)하다.

결국 하와는 뱀의 유도에 넘어가 스스로 선악과라는 주제를 꺼냈다. "동산 나무의 열매를 우리가 먹을 수 있으나 동산 중앙에 있는 나무의 열매는 하나님의 말씀에 너희는 먹지도 말고 만지지도 말라. 너희가 죽을까 하노라 하셨느니라"(창 3:2-3)고 말했다. 이 구절 속의 하나님 말씀을 원문대로 번역하면 "너희가 죽지 않으려면 먹지도 만지지도 말라"다. 개역개정에서는 이때의 '죽지 않으려면'에 가정법적 측면을 더해 "죽을까 하노라"로 번역했는데 일리가 없지는 않다. 아마 하와는 선악과에 따르는 처벌인 죽음을 조금은 의심했을 것이다. 당시에는 죽는다는 개념 자체가 없었으니까.

하지만 더 중요한 것은 하와의 선악과 인식이다. 그녀는 선악과에 담긴 하나님의 사랑을 간과하고 오직 처벌을 피하는 도구로만 의식한다. 이것은 평소 선악과에 좀 불만이 있었다는 증거다. 인간은 자신이 못 가진 부분을 욕망한다. 욕망 자체는 죄가 아니다. 긍정적으로 사용되면 발전과 진보를 이룬다. 하지만 넘지 말아야 할 선은 항상 있다. 그 선이 보이면 과감히 접을 줄 알아야 한다. 참된 복을 지켜 주는 경계선이기 때문이다.

하지만 그 앞에서 흔들리는 것도 사실이다. 그래서 인간이다. 여기서 인간 창조의 아이러니가 드러난다. 하나님은 인간을 완전하게 창조하셨다. 그 완전은 기계식 완전이 아니다. 금기의 선을 오토매틱으로 피하는 것은 청소 로봇이다. 금기 앞에 흔들릴 때 스스로 판단하여 선택하고 그 선택이 옳을 수도 틀릴 수도 있는 상황. 이 불완전함을 지녀야 완전한 인간이다. 그 속에서 하나님을 선택하면 진정한 사랑이 이뤄지기 때문이다. 즉 인간의 불완전성은 올바른 완전함에 이르는 유일한 길이었다.

하지만 마귀는 이 속에 무서운 무기를 도입했다. 그것은 바로 '거짓말'이다. 마귀는 "너희가 결코 죽지 아니하리라"(창 3:4)고 말했다. 하나님의 선언에 정면으로 반대되는 사상이다. 히브리어에서 같은 뜻의 부정사와 동사가 반복되면 강조형이다. 하나님은 "죽고 죽으리라"(모트 타무트, 창 2:17) 하셨고 마귀는 "안 죽고 안 죽는다"(로-모트 테무툰, 창 3:4) 했다. 사탄은 본래 신에게 반대하는 존재다. 사탄의 사전적 의미는 '반대편이 되다'이다. 마귀는 하나님과 반대되는 개념을 만들어 타락으로 이끈다. 그 속에는 항상 거짓이 있다.

이 거짓은 두 가지 방식으로 나타난다. 먼저 포섭 대상에게 교만을 심는다. 마귀는 인간에게 "너희가 그것을 먹는 날에는 너희 눈이 밝아져 하나님과 같이 되어 선악을 알 줄 하나님이 아심이니라"(창 3:5)고 말한다. 이 말은 교만한 자존감을 부여한다. 인간인 네가 하나님처럼 될 수 있고 나아가 대등해져야 한다는 것이다. 자존감과 평등의식은 중요하다. 하지만 그것이 마땅한 질서를 깨뜨리면 파괴와 혼돈이 찾아온다. 아버지와 아들의 질서가 파괴된 평등한 가정은 끔찍한 곳이 된다. 마귀는 이런 파괴를 시도했다.

또한 마귀의 거짓은 하나님에 대한 오해를 심었다. 선악과를 먹지 말라 하신 것은 인간이 하나님처럼 될 것을 '하나님이 아셨기 때문'이라고 했다(창 3:5). 하나님은 인간에게 모든 것을 주신 분이다. 그런 하나님을 이기적인 분으로 만들었다. 인간이 잘되는 꼴을 보기 싫어하는 존재라고 속였다. 호의의 정점인 선악과를 이기심의 발로인 양 선동했다. 이 방식은 지금도 사회 곳곳에서 작동한다. 선하고 순수한 배려와 호의를 비난하여 오해하게 만들면 관계는 쉽게 파괴된다.

이 모든 행태는 한마디로 이간질이다. 한자로 '이'(離)는 '떼어 놓다'이고 '간'(間)은 '사이'다. 이간질은 사이를 갈라놓는 것이다. 이를 위해 거짓말은 필수다. 거짓말로 교만케 하고 거짓말로 오해를 심어 관계를 파괴한다. 이것이 원원죄의 근본이다. 우리는 죄를 욕심이나 음란 등과 같은 개인적인 차원으로 자주 적용한다. 하지만 이것은 우리의 본성에 이미 주어진 것이다. 배가 고파 도둑질하는 것은 죄지만 그 근본의 식욕까지 악한 건 아니다. 하지만 거짓말은 다르다. 악의적인 거짓말은 하나님이 주신 본성이 아니라 반대편인 마귀에게서 온 것이다. 여기서 걷잡을 수 없는 파괴가 일어날 수 있다.

셰익스피어의 비극인 《오셀로》에서 이야고는 오셀로 장군과 그의 아내 사이에 거짓말로 끝없는 의심을 뿌려서 결국 아내를 죽이도록 만든다. 하지만 이야고는 자신의 거짓말을 선한 의도로 포장하고 또 그렇게 믿게 한다. 마귀도 마치 인간을 위하는 것처럼 거짓말을 했다. 심지어 그 거짓 속에는 진실도 섞여 있었다. '눈이 밝아져 선악을 알게 될 것'(창 3:5)이라는 말은 완전한 거짓은 아니었다. 하지만 섞인 거짓말이 더 교묘하고 사악하다. 선악과를 먹은 인간은 눈이 밝아져 자기들이 벗은 줄을 알게 되었다(창 3:7). 하지만 그렇게 해서 보게 된 '악'이 자신들을 멸망시켰다. 그것은 전혀 볼 필요가 없는 것이었다.

그래서 예수님은 이렇게 말씀하셨다. "너희는 너희 아비 마귀에게서 났으니 너희 아비의 욕심대로 너희도 행하고자 하느니라. 그는 처음부터 살인한 자요 진리가 그 속에 없으므로 진리에 서지 못하고 거짓을 말할 때마다 제 것으로 말하나니 이는 그가 거짓말쟁이요 거짓의 아비가 되었음이라"(요 8:44). 마귀는 거짓말쟁이요 이를 이용해서 인간의 생명을 빼앗았다. 예수님은 이 원원죄를 마귀와 죄의 근원으로 지적하시면서 이 방식이 지금도 죄인들에게 전달되고 있음을 일깨우신다.

시편에서 다윗은 "또 주의 종에게 **고의로 죄를 짓지 말게 하사** 그 죄가 나를 주장하지 못하게 하소서. 그리하면 내가 정직하여 큰 죄과에서 벗어나겠나이다"(시 19:13)라고 기도한다. 다윗이 벗어나기 원했던 죄는 개역한글성경의 표현대로 하면 "고범죄"다("또 주의 종으로 **고범죄**를 짓지 말게 하사"). 이 죄는 히브리어로 '제드'인데 건방지고 교만한 상태를 뜻한다. 이 교만(제드)은 시편 119편에 여섯 번(구약 전체에는 열세 번)이나 언급되며 그 특징은 거짓말을 하는 것이다. 다윗은 "교만한[제드] 자들이 거짓을 지어 나를 치려 하였"다(시 119:69)고 폭로한다. 이 거짓은 잠시 후에 "웅덩이"(시 119:85), 즉 '함정'으로 표현된다. 결국 다윗이 말한 크나큰 죄는 거짓으로 함정을 파는 것이다. 이 죄는 당연히 마귀의 원원죄와 직결된다.

다윗의 고백은 거저 나온 것이 아니다. 이와 관련해서 그는 쓰디쓴 체험을 하였다. 사무엘하 15장에는 압살롬이 아비 다윗을 배신

하는 장면이 나온다. 그 과정이 놀랍게도 마귀의 원원죄와 흡사하다. 1절에 보면 "압살롬이 자기를 위하여 병거와 말들을 준비하고 호위병 오십 명을 그 앞에 세우니라"(삼하 15:1)고 나온다. 이것은 다윗과 백성들을 이간질하려는 압살롬의 계획이었다. 압살롬은 이스라엘 최고의 미남이었다(삼하 14:25). 잘생긴 왕자가 병거와 말들과 호위병을 세우고 딱 서니 얼마나 멋있었겠는가? 본래 사기꾼은 그럴듯하게 보여야 장사가 된다. 지금도 비싼 차와 명품을 내세워 사기 치는 인간이 얼마나 많은가.

압살롬은 이처럼 매력적인 모습으로 "일찍이 일어나 성문 길 곁에 서서"(삼하 15:2) 작전을 실행하였다. 사기꾼은 본래 부지런하다. 거짓으로 악을 성취하려고 열심히 뛴다. 목표를 이룰 때까지 행여 거짓에 구멍이 날까 봐 부지런히 돌아다닌다. 교회를 무너뜨리는 신천지를 보라. 새벽부터 저녁까지 목사, 장로, 권사, 집사들 사이를 종횡무진한다. 압살롬도 자기 목적을 위해 "일찍이 일어나" 새벽부터 성문에 섰다. 그리고 "송사가 있어 왕에게 재판을 청하러"(삼하 15:2) 오는 사람들을 노렸다.

당시 왕은 백성 중에 중대한 송사를 재판할 책무가 있었다. 압살롬은 이들을 중간에서 가로챘다. 그는 송사를 하러 오는 사람에게 친절히 말을 걸고 그의 이야기에 귀를 기울였다. 사람들은 당연히 폼 나는 왕자에게 미주알고주알 자기 사정을 아뢰었을 터다. 그러면 압살롬은 이렇게 말했다. "보라. 네 일이 옳고 바르다"(삼하 15:3).

이것은 억울한 사람이 정말 듣고 싶어 하던 말이다. 그를 이해하고 자존감을 높여 주는 말이요 마귀가 하와에게 '너도 하나님처럼 될 수 있다'고 한 것과 맥을 같이한다. 그래야 포섭대상의 마음이 열린다. 그래서 우리는 정신을 차려야 한다. 내가 듣고 싶은 말만 쏟아내는 자는 속이 음흉할 가능성이 높다.

압살롬은 그 사람이 듣고 싶은 말을 해준 후 "네 송사를 들을 사람을 왕께서 세우지 아니하셨다"(삼하 15:3)고 말한다. 거짓의 두 번째 특성인 상대방 비하다. 그는 자기 아비 다윗을 백성에게 관심 없는 이기적인 왕으로 만들어 버린다. 인간이 잘될까 봐 하나님이 일부러 선악과를 못 먹게 하신 것처럼 속였듯이 말이다.

여기서 이간질은 구체화된다. 압살롬은 "내가 이 땅에서 재판관이 되고 누구든지 송사나 재판할 일이 있어 내게로 오는 자에게 내가 정의 베풀기를 원하노라"(삼하 15:4)고 선언한다. 아마 그는 실제로도 정의를 실현해 주려고 부지런히 뛰었을 것이다. 하지만 그 정의는 더 큰 악을 이루려는 위장술이었다.

다음 절에 조금 더 흥미로운 장면이 나온다. 잘생긴 왕자의 호의에 그 사람이 얼마나 감동했겠는가. 그래서 그 "사람이 가까이 와서 그에게 절하려 하면 압살롬이 손을 펴서 그 사람을 붙들고 그에게 입을 맞추"었다(삼하 15:5)고 나온다. 아마도 압살롬은 '우리는 다 평등한 사람이고 친구요 동료다'라는 말도 덧붙였을 가능성이 높다.

그러자 백성의 감동은 하늘을 찔렀다. 억울함을 풀어 주시는 왕자만으로도 눈물이 날 지경인데 자신을 낮추는 겸손이라니. 동시에 다윗 왕에 대한 불만은 극대화되었을 것이다. '왕이 할 일은 안 하고 왕궁에 앉아서 뭐 하고 있는가? 남의 집 부인 목욕하는 거나 또 훔쳐보고 있는 것 아니냐?' 하면서 말이다.

성경은 이 사건에 대해 "이스라엘 사람의 마음을 압살롬이 훔치니라"(삼하 15:6)고 표현한다. 이 도둑질은 4년이나 진행되었고, 마침내 다윗은 "이스라엘의 인심이 다 압살롬에게로 돌아갔나이다"(삼하 15:13)라는 보고를 받게 되었다. 그리하여 "일어나 도망하자"(삼하 15:14)고 외칠 수밖에 없는 상황에 처하고 만 것이다. 아마도 시편의 고범죄에 대한 고백은 이러한 압살롬의 이간질을 체험한 후 거짓으로 함정을 파는 죄가 얼마나 악한 것인지 깨닫고 드린 기도일 가능성이 높다.

잠언에 보면 이런 말씀이 나온다.

> 여호와께서 미워하시는 것 곧 그의 마음에 싫어하시는 것이 예닐곱 가지이니 곧 교만한 눈과 거짓된 혀와 무죄한 자의 피를 흘리는 손과 악한 계교를 꾀하는 마음과 빨리 악으로 달려가는 발과 거짓을 말하는 망령된 증인과 및 형제 사이를 이간하는 자이니라(잠 6:16-19).

이 속에 원원죄의 요소가 촘촘히 박혀 있다. 한마디로 압축하면 '거짓으로 이간질하는 것'이다. 그래서 예수님은 "화평하게 하는 자는 복이 있나니 그들이 하나님의 아들이라 일컬음을 받을 것임이요"(마 5:9)라고 말씀하셨다. "화평하게 하는 자"는 헬라어로 '에이레노포이오스'다. 말 그대로 '평화를 만드는 사람' 즉 '피스메이커'(peacemaker)를 일컫는다.

하나님의 자녀는 평화를 만드는 사람이다. 그렇다면 불화를 만드는 사람은 마귀의 자녀다. 예수님은 자기의 피로써 하나님과 인간 사이에 화평을 이루셨다. 지금 나는 사람과 사람 사이를 이어 주고 연결하는 자인가? 아니면 눈꼴신 마음에 험담하며 관계를 파괴하는 자인가? 몇몇의 시기와 질투 때문에 행복하던 공동체와 교회들이 순식간에 와해되어 버리는 경우가 너무 많다. 그 주동자들은 대부분 정의의 사도를 자청한다. 하지만 그건 결국 원원죄의 길, 압살롬의 길이다. 우리는 예수님처럼 화평케 하는 자의 길을 가야 한다.

가인과 아벨의 제사

아벨은 어떻게 가인보다 나은 제사를 드렸을까

> 여호와께서 아벨과 그의 제물은 받으셨으나 가인과 그의 제물
> 은 받지 아니하신지라. 창세기 4:4-5

가인과 아벨의 이야기 속에는 풀리지 않는 수수께끼가 있다. 왜 하
나님은 아벨의 제사만 받으시고 가인의 제사는 받지 않으셨을까?
성경을 아는 사람은 누구나 한 번쯤 궁금했을 질문이다. 그래서 다
양한 답변들이 나왔다. 우선 그것들부터 살펴보자.

가장 널리 알려진 해석은 '제물의 차이'를 논하는 것이다. 가인
은 "땅의 소산"(창 4:3)을 바쳤고 아벨은 "양의 첫 새끼와 그 기름"(창
4:4)을 드렸다는 내용이다. 성경에서 제사를 언급할 때 주로 동물을
바치는 것이 떠오르기 때문에 양을 바친 아벨의 제물이 더 합당하게
느껴진다. 특히 여기에는 피 흘림이 있었기에 더욱 바른 제물이라고
말하곤 한다.

하지만 이것을 정답으로 받아들이기는 힘들다. 먼저 당시에는 구
약의 제사법이 없었다. 가인과 아벨은 이스라엘 민족이 생기기 전,
국가 개념도 없던 인류 최초 시기의 사람들이다. 설령 구약법을 수

용해도 문제는 여전하다. 하나님께 바치는 제물에는 짐승만 있는 것이 아니다. 당연히 곡식을 드리라는 명령도 있다. "네 토지 소산의 처음 익은 것을 가져다가 네 하나님 여호와의 전에 드릴지며"(출 34:26, 이외에 신 14:22, 26:10 등 참조)처럼 말이다. 게다가 농부는 곡식을 목동은 양을 바치는 순리를 거부하시는 까탈스러운 하나님도 전제해야 한다. 따라서 하나님의 식성이 까다로워 이 비극이 일어났다고 보는 것은 무리가 있다.

두 번째 해석은 '정성의 차이'를 논한다. 아벨은 "**첫** 새끼와 그 기름"을 정성껏 구별하여 바쳤지만, 가인은 그냥 "땅의 소산"을 바쳤다는 말이다. 이 해석도 문제가 있다. 일단 '첫'이라는 단어 하나로 전체를 푸는 것은 무리가 있다. 게다가 제사드린 시점은 "세월이 지난 후"(창 4:3)였는데, 이건 '일정한 기간의 끝이 되었을 때'를 의미한다. 학자들은 이때를 주로 농사나 목축의 추수 때로 본다. 따라서 가인의 제물도 햇곡식이었을 가능성이 높다. 무엇보다 제물을 거절당하자 가인은 "몹시 분하여 안색이 변"했다(창 4:5). 이것은 가인도 나름대로 열심히 제사를 준비했다는 반증이다. 소홀히 대충 드렸다가 생긴 일이라면 머리나 긁적이고 말 일이다.

세 번째 해석은 제물을 바친 '인간 자체'에 주목하는 것이다. 하나님께서 "아벨과 그의 제물"(창 4:4)은 받으시고 "가인과 그의 제물"(창 4:5)은 받지 않으셨다고 나오기 때문에, 평소 아벨은 착했고 가인은 못된 삶을 살았다고 주장한다. 이 역시 무리한 상상이다. 구약성경 어디에도 제사 이전의 가인과 아벨이 어떻게 살았는지 나오지 않는다. 물론 혹자는 예수님이 "의인 아벨"(마 23:35)이라 부르신 것을 근거 삼는다. 하지만 이것은 순서가 어긋난 논리다. 성경상으로 그의 제사가 받아들여진 것은 그가 의인이어서가 아니다. 오히려 "아벨은 … 제사를 하나님께 드림으로 의로운 자라"(히 11:4) 칭함을 받았다. 이것은 제사드리기 전의 그가 아직 의인이 아니었다는 말이다.

네 번째는 좀 희귀한 해석인데, '이웃 사랑'이라는 관점을 도입한다. 욕심 많은 가인이 자기의 유일한 이웃인 아벨을 박대해서 그 제물을 안 받으셨다는 것이다. 이 이론에는 노아 홍수 이전에 인간이 고기를 먹지 않았다는 전제가 도입된다. 아벨의 양은 옷감의 재료일 뿐 음식으로도 제물로도 사용하지 못했다는 지적이다. 할 수 없이 아벨은 식량 및 제사용 곡식을 가인에게 얻으려 했는데 놀부 같은 형이 주지 않자 아벨은 결국 먹지 못하는 양이라도 잡아서 제물로 드렸고, 하나님이 이를 갸륵히 여기셔서 그의 제물을 받으셨다는 주장이다.

힘들게 생각해 낸 해석이지만 더 많은 문제점이 있다. 그렇다면 아벨은 왜 애초에 양치는 자가 되었는가? 가인도 옷감이 필요할 텐데 동생에게 아쉬울 때가 없었을까? 혹 곡식이 옷보다 중요하다고 말한다면 아벨이 직업을 바꾸거나 겸업을 하면 된다. 그 당시 널린 게 땅이었고 자기 한 입 해결할 농사는 그리 힘들지 않았을 것이다. 무엇보다 부모에게는 왜 부탁하지 않았을까. 아담과 하와도 농사를 짓고 있었는데 말이다(창 3:23). 또 고기를 먹지 못하기 때문에 제물로 못 쓴다는 전제 또한 흔들린다. 노아는 하나님의 '육식 허락'(창 9:3)이 떨어지기 전에 이미 짐승과 새들을 번제로 드렸다(창 8:20). 이처럼 이 해석에는 구멍이 매우 많다.

그래서 어떤 이들은 계급투쟁적으로 해석하기도 한다. 가인은 돈 많은 지주였고 아벨은 천민이었다는 것이다. 또는 규모를 확장해서 이 둘은 농경민족과 목축민족의 대립을 상징한다고도 말한다. 하지만 이런 갈등이나 투쟁식 해석도 지나치게 자유로운 상상에 기반을 둔다. 합당한 근거 없이 해석자의 취향대로 마구 이야기를 뻗어 나가는 경향이 많다.

이상에서 살펴본 것처럼 많은 사람들이 가인과 아벨 사건에 다가가려 했지만 누구나 만족할 만한 답변은 나오지 않고 있다. 이유는 간단하다. 본문 속의 정보가 너무 부족하기 때문이다. 그래서 20세기 구약학의 대가 클라우스 베스터만(Claus Westermann)은 그의 창세기 주석에서 이 사건의 진실은 '본문이 밝혀 주지 않기 때문에 다가가는 것이 불가능하다'고 밝혔다. 대부분의 성실한 구약학자들도 비슷한 입장이다. 이런 입장은 솔직하고 바르다. 구약을 구약의 테두리 안에서 충실히 연구하는 것이 구약학의 기본이기 때문이다.

하지만 기독교는 신약의 종교다. 구약 안에만 머무는 것은 결국 유대교다. 구약을 신약이 어떻게 해석하는지가 중요한 관건이다. 그것을 답으로 받아들이는 것이 곧 기독교이기 때문이다. 따라서 가인과 아벨 이야기를 신약이 어떻게 해석하고 있는지 살피는 것은 사건의 진실에 다가갈 유일한 방법이다. 그러면 이제 가인과 아벨에 대한 중요한 해석 한 가지를 신약의 히브리서에서 만나 보자.

믿음으로 아벨은 가인보다 더 나은 제사를 하나님께 드림으로 **의로운 자라 하시는 증거를 얻었으니** 하나님이 그 예물에 대하여 증언하심이라. 그가 죽었으나 **그 믿음으로써 지금도 말하느니라**(히 11:4).

이 본문은 가인과 아벨 사건을 매우 익숙한 틀에서 보여 준다. 아벨이 '믿음으로' 제사를 드려서 '의로운 자'라고 칭함을 받았다는 것이다. 그는 '믿음'으로 '칭의'를 얻었다. 굉장히 친숙하지 않은가? 기독교 복음의 핵심이다. 우리는 오직 믿음으로 칭의를 받고 구원에 이른다. "그러므로 사람이 의롭다 하심을 얻는 것은 율법의 행위에 있지 않고 믿음으로 되는 줄 우리가 인정하노라"(롬 3:28). 아벨의 제사가 그랬다. 그는 믿음의 제사로 의롭다 하심을 얻었다. 따라서 그 제사는 자기의 믿음을 표현한 것이었다.

이로써 아벨의 제사가 점점 드러난다. 우리는 가인도 아벨도 모두 죄인이었음을 기억해야 한다. 성경은 "한 사람으로 말미암아 죄가 세상에 들어오고 죄로 말미암아 사망이 들어왔나니 이와 같이 모든 사람이 죄를 지었"다(롬 5:12)고 선언한다. 아담의 원죄는 그의 모든 후손에게 이어졌고 온 인류는 죄 속에 살다가 죄 속에서 죽을 운명이 되었다. 여기에서 가인과 아벨은 예외일까? 아니다. 오히려 그들은 부모의 원죄가 가장 싱싱한 상태로 주입된 죄인의 1세대다.

그런데 예수님은 그를 "의인 아벨"(마 23:35)이라고 칭하셨다. 죄인인 아벨이 어떻게 의인이 되었을까? 방금 읽은 히브리서가 답이다. 아벨은 믿음으로 의인이라 칭함을 얻었다. 그러면 그 믿음이란 무엇이었을까? 여기서부터는 성경적으로 합당한 추리가 가능하다.

에덴에서 쫓겨난 아담과 하와는 아들들에게 당연히 자신들의 범죄와 추방을 말해 주었을 것이다. 죄를 범하면 안 되고 하나님을 온전히 섬겨야 한다고 가르쳤다. 가인과 아벨이 추수를 마치고 제사를 드렸다는 자체가 이를 입증한다.

동시에 그들은 이 비극을 초래한 뱀에 대해서도 가르쳤을 것이다. 하지만 여기에는 복음적인 소망이 함께 있었다. 하나님은 인간과 뱀을 처벌하시는 자리에서 구원의 희망을 함께 주셨다. 흔히 '원시복음'이라고 불리는 그 내용은 언젠가 나타날 '여자의 후손이 뱀의 머리를 상하게 할 것'(창 3:15)이라는 내용이다. 아담과 하와에게는 아직 자식이 없었으므로 '여자의 후손'은 미래에 나타날 어떤 '구원자'였다. 그가 오면 뱀의 저주를 박살 낼 것이다.

이처럼 인류는 범죄 직후부터 구원자에 대한 소망이 있었다. 아벨이 믿음으로 제사를 드렸다면 누구를 믿는 믿음이었을까? 성경을 있는 그대로 보면 오직 '여인의 후손' 말고는 어떤 대상도 없다. 아벨은 속히 여인의 후손이 오셔서 하나님과 인간을 다시 화평케 만드실 거라는 소망이 있었다. 따라서 그 제사의 중심에는 구원자에 대한 믿음과 소망이 존재했다. 그렇다면 우리는 제사의 구체적인 내용도 짐작할 수 있다.

아벨의 제사에는 분명히 회개가 포함되었을 것이다. 그는 자신이 죄인의 아들이요 또한 스스로도 죄인임을 고백하면서 자기의 원죄와 자범죄를 용서해 달라고 간절히 통회하였을 것이다. 이것은 본래 하나님이 기뻐하시는 제사다. "하나님께서 구하시는 제사는 … 상하고 통회하는 마음"(시 51:17)이기 때문이다. 또한 구원자의 도래를 간절히 구했을 것이다. 죄와 멸망의 사슬에서 자신들을 구원할 '여인의 후손'을 속히 보내 달라고 말이다.

그렇다면 우리는 놀랍고도 당연한 사실을 만난다. 아벨의 믿음이 지금 우리와 다르지 않다는 것이다. 우리 역시 죄인임을 깨달아 회개하고 '여인의 후손'이신 예수 그리스도를 믿는다. 이 믿음을 통해 의로운 자라 칭함을 얻는다. 그리고 나를 구원하신 주님이 속히 다시 임하시기를 소망한다. 이런 복음적인 믿음의 시초가 바로 아벨이었고 이에 근거한 최초의 예배가 아벨의 제사였던 것이다. 결국 그는 믿음으로 칭의를 얻은 모든 성도의 대표요 조상이었다. 그래서 히브리서는 이렇게 말한다. "그가 죽었으나 그 믿음으로써 지금도 말하느니라"(히 11:4).

그렇다면 이와 반대되는 가인의 제사가 무엇이었을지도 유추할 수 있다. 아벨의 제사가 복음적인 믿음에서 드려졌다면 가인의 제사는 복음적이지 않은 그 무엇일 것이다. 신약성경은 이에 대한 실마리를 던져 준다. 유다서에 보면 이런 구절이 등장한다.

> **7** 소돔과 고모라와 그 이웃 도시들도 그들과 같은 행동으로 음란하며 다른 육체를 따라가다가 영원한 불의 형벌을 받음으로 거울이 되었느니라. **8** 그러한데 꿈꾸는 **이 사람들도** 그와 같이 육체를 더럽히며 권위를 업신여기며 영광을 비방하는도다. … **10 이 사람들은** 무엇이든지 그 알지 못하는 것을 비방하는도다. 또 그들은 이성 없는 짐승같이 본능으로 아는 그것으로 멸망하느니라. **11** 화 있을진저 **이 사람들이여, 가인의 길에 행하였으며** 삯을 위하여 발람의 어그러진 길로 몰려갔으며 고라의 패역을 따라 멸망을 받았도다(유 1:7-8, 10-11).

이 본문에는 강하게 질책받는 "이 사람들"(8, 10, 11절)이 등장한다. 성경은 이들을 '가인의 길에 행하는 자'(11절)라 칭한다. 가인이 이들의 모델이라는 말이다. "이 사람들"의 행태는 두 가지로 집약된다. 첫째 이들은 '육체를 더럽힌다'(8절). 이것은 소돔 고모라와 같이 '음란'(7절)을 즐기고 '이성 없는 짐승 같은 본능'(10절)으로 사는 것을 뜻한다. 둘째 이들은 '권위를 업신여기며 영광을 비방한다'(8절). '비방하다'로 번역된 헬라어 '블라스페메오'는 주로 신성모독을 의미한다(마 9:3, 26:65 등). 이들은 정욕에 빠져 하나님의 '권위'와 '영광'을 무시하고 모독하는 자들이다.

성경은 가인이 이런 자들의 모델이자 대표였다고 말한다. 여기서 우리는 가인의 성품과 삶을 상상해 볼 수 있다. 그는 육체의 욕구를 추구하며 하나님의 권위를 모독하는 자였다. 가인과 함께 언급된 '발람'은 욕심의 대명사요 '고라'는 권위 모독의 대명사인 것으로 보아 가인은 이 둘을 합친 끝판왕인 듯하다. 그러면 우리는 가인의 제사의 성격도 유추할 수 있다. 그의 제사는 자신의 탐욕을 위한 것이 분명하다. 제사를 통해 하나님께 욕구를 충족할 무언가를 얻어낼 목적이었다. 그렇다면 그것은 우상적이고 기복적인 제사였을 것이다.

신앙의 초기 단계에 잠시 이런 양상을 가질 수도 있다. 하지만 지속되면 안 된다. 젖을 먹는 아기의 모습은 사랑스럽지만 10년 20년이 지나도 그대로면 부모의 속은 찢어진다. 심지어 그런 상태가 옳다고 주장하고 바른 충고를 비방한다면 문제가 심각하다. 탐욕의 제사를 드린 가인의 진짜 문제는 여기에 있었던 것 같다. 그는 자신의 육적인 제사가 받아들여지지 않자 기분이 나빴다. 몹시 분하여 안색이 변했다(창 4:5). 하지만 그 자체가 죄는 아니었다. 위험하긴 해도 아직은 '죄가 너를 원하는 상태'(창 4:7)였다.

따라서 이것을 성숙의 계기로 삼아야 했다. 자기 제사가 받아들여지지 않은 이유를 반성하고 동생에게 조언을 구해야 했다. 하지만 그러지 않았다. 탐욕이 전부였으므로 그것을 못 채우자 분노에 휩싸였다. 그때 그의 눈에 아벨이 들어왔다. 동생은 제사를 드린 후 기쁨이 충만했다. 믿음으로 의롭다 하심을 얻고 거듭났기 때문이다. 육신적인 가인은 그런 것에 관심이 없었다. 아벨만 하나님께 값비싼 뭔가를 받았다고 생각했거나, 아니면 그의 기쁜 얼굴이 자신을 조롱하는 태도라 생각해 결국 동생을 쳐 죽였다(창 4:8).

이런 가인의 가치관을 다음 구절이 잘 보여 준다. 하나님은 살인한 가인에게 "네가 밭을 갈아도 땅이 다시는 그 효력을 네게 주지 아니할 것이요 너는 땅에서 피하며 유리하는 자가 되리라"(창 4:12)고 하셨다. 인류 최초의 살인에 대한 처벌이 너무 약해 보인다. 하지만 가인은 "내 죄벌이 지기가 너무 무거우니이다"(창 4:13)라며 징징댄다. 방금 동생을 죽인 죄보다 겨우 농사를 못 짓게 된 것이 더 과하다고 느낀 것이다.

지금 우리의 믿음과 예배는 어떠한가? 가인과 무엇이 다른가? 십자가의 사랑과 은혜에 집중하기보다 일종의 거래 형태는 아닌가? 겉으로 보면 가인도 분명히 제사드리는 성도였다. 하지만 구원의 진리보다 탐욕에 집중하다 결국 인류 최초의 살인자가 되었다. 이 모두는 우리의 믿음과 예배가 어떤 방향을 가져야 할지 일러 준다. 영적인 구원인가 현세의 풍요인가! 귀한 깨우침을 주는 두 형제의 이야기다.

끝으로 덧붙일 것이 있다. 가인과 아벨 중 누가 복된 자라고 생각하는가? 세상에서 끝까지 잘먹고 잘살았던 것은 가인이었다. 진리를 따른 아벨은 비참한 최후를 맞았다. 하지만 가인은 그 큰 죄를 짓고도 아내와 자식을 낳고 최초의 성을 쌓아 도시 문명을 이루었으며 그의 후손들도 쭉쭉 번성했다(창 4:16-24). 그런데도 정말 아벨이 복된 자라고 생각하는가? 그래서 가인의 길이 아니라 아벨의 길을 걷겠다고 결심하는가? 그렇다면 우리는 진심으로 천국을 사모하는 사람들이다.

하나님의 친구 아브라함

하나님은 왜 아브라함을 벗이라 부르셨을까

> 그러나 나의 종 너 이스라엘아, 내가 택한 야곱아, 나의 벗 아브
> 라함의 자손아. 이사야 41:8
>
> 그는 하나님의 벗이라 칭함을 받았나니. 야고보서 2:23

오래전 담임했던 교회에서 외국인 근로자들을 섬긴 적이 있다. 이슬
람 신자였던 그들 중에 예수님을 영접하고 돌아간 친구들도 있어 보
람찬 날들이었다. 그런데 그들은 한국에서 이상한 것을 느꼈다고 했
다. 한 친구의 어설픈 영어 표현대로 하면 "We, 27 old and 37 old,
friend together no problem, but in Korea, very problem. It's
very strange"(우리는 27세와 37세가 친구인 것이 문제되지 않지만, 한국에서는
매우 큰 문제다. 그게 정말 이상하다).

대부분의 나라는 친구라는 개념에 나이를 그리 중요하게 생각하
지 않는다. 하지만 우리는 나이 어린 사람을 친구로 잘 인정하지 않
는다. 개인적인 생각이지만 아마 군대문화의 영향이 큰 것 같다. 군
대에서 며칠 차이로 선임과 후임을 나누던 습성이 그대로 이어져 조
금이라도 나이가 어리면 무시하는 분위기가 있는 것 같다. 오죽하면

"민증 까!"라는 희한한 표현이 있을까?

하지만 친구 사이에는 나이보다 더 중요한 요건이 있다. 바로 우정이다. 우정이 존재해야 친구 사이가 이루어진다. '우정'(友情)은 한자 그대로 하면 '친구 간의 정'이다. 정(情)은 관계 속의 사랑이다. 서로 간에 오가는 따뜻한 무언가다. 그래서 친구 사이는 숨김없이 느낌과 감정을 공유한다. 상대의 슬픔이 나의 슬픔이요 그의 기쁨이 나의 기쁨이 된다. 이런 감정 공유 상태가 진정한 친구지간이다.

하나님은 아브라함을 "나의 벗 아브라함"(사 41:8)이라고 부르셨다. "벗"으로 번역된 히브리어 '아하브'는 구약에 220번 등장하는데, 기본적인 뜻이 '사랑하다'여서 '사랑하는'으로도 많이 번역된다. 그래서 역대하 20장 7절도 개역한글에서는 "주의 벗 아브라함"이라고 번역했는데 개역개정에서는 "주께서 사랑하시는 아브라함"으로 바뀌었다. 하지만 신약에 보면 아브라함을 "하나님의 벗이라 칭함을 받았나니"(약 2:23)라고 설명하고 있다. 이것은 아브라함이 하나님의 친구라는 사상이 정통임을 증명한다. 이때의 "벗"(필로스)이라는 단어는 확실히 '친구'를 의미하기 때문이다.

누가 감히 하나님의 친구가 될 수 있는가? 하나님과 같은 나이의 사람도 없고 하나님과 맞먹을 인격과 능력을 지닌 사람도 없다. 하지만 하나님은 아브라함을 유독 자신의 벗이라 칭하셨다. 그 이유가 무엇일까? 아브라함이 인류 중에 가장 뛰어난 인격자라서 그러셨을까? 성경은 오히려 그렇지 않다고 말한다. 그의 인격적인 문제들이 성경에 자주 나온다(창 12:10-20 등). 그러면 왜 하나님은 아브라함을 친히 친구로 인정해 주셨을까?

그 이유는 아브라함이 아들 이삭을 번제 드리는 장면에서 시작된다. 하나님은 아브라함에게 황당한 요구를 하셨다. "여호와께서 이르시되 네 아들 네 사랑하는 독자 이삭을 데리고 모리아 땅으로 가서 내가 네게 일러 준 한 산 거기서 그를 번제로 드리라"(창 22:2). 여기서 이삭을 번제로 드리라는 것은 "알겠습니다. 내 아들 신학교 보내서 주의 종 만들겠습니다"라는 의미가 아니다. 실제로 아비가 아들의 배를 가르고 살과 뼈를 각 떠서 불에 태워 바치라는 의미다. 정말 끔찍한 명령이다.

아마 지금 누군가 이런 명령을 받았다면 분명히 항의했을 것이다. 혹시 어떤 성도가 찾아와 그런 명령을 받았다고 상담을 요청하면 대부분의 목회자는 "그건 하나님의 뜻이 아닌 것 같습니다. 그냥 잊어버리세요"라고 말할 것이다. 하지만 정작 아브라함은 자신만의 설명 못할 어떤 확신이 있었다. 스스로에게는 누가 뭐래도 피할 수 없는 하나님의 명령이었다.

그래서 그는 황당한 명령에 황당한 순종을 드린다. 성경에 보면 아브라함은 "아침에 일찍이 일어나 나귀에 안장을 지"웠다(창 22:3). 아마 전날 한숨도 못 잤을 것이다. 얼마나 고민을 했을까? 그것은 환청이었다고, 하나님의 명령이 아니라고 대답할 합리화를 위해 얼마나 고민했겠는가? 하지만 아브라함은 길고 고통스러운 몸부림의 밤을 보낸 뒤 날이 새자마자 스스로 나귀에 안장을 얹었다.

우리는 때때로 잘못된 기도를 오래 드리는 경우가 있다. 하나님의 명령에 순종하지 않으려고 말이다. 대부분의 경우 우리는 하나님의 뜻이 무엇인지 이미 안다. 다만 그렇게 하기 싫어서 밤을 새워 울부

짖고 금식하는 경우가 있다. 연약한 인간이라 그럴 수 있다. 예수님도 십자가를 지시기 전에 땀이 피가 되도록 죽음의 잔을 옮기고 싶다는 기도를 하셨다. 하지만 이미 정답을 아셨기에 기꺼이 그 뜻을 따르셨다. 아브라함도 그랬다. 온갖 핑계를 댈 수 있는 상황 속에서도 그는 하나님의 뜻을 따랐다.

기왕 시험하기로 하신 김에 하나님은 치밀한 계획까지 세워 놓으셨다. 지시하신 모리아 땅의 산은 사흘 길이었다. 작심삼일이라는 말이 있지만 고된 삼일 간의 여행길에, 더구나 자기 손으로 죽여야 할 아들과 함께 걷는 길에, 아브라함은 얼마든지 변심하고 돌아갈 가능성이 있었다. 하지만 그는 끝내 그 시간의 유혹도 이겨 냈다.

그의 단호한 자세는 창세기 22장 5절에도 나온다. 목적지에 도착한 아브라함은 함께 여행하던 사환 두 명에게 산 밑에서 기다리라고 명령한다. 만약 사환들이 함께 산에 올랐다면 그는 명령을 이행하기 어려웠을 것이다. 이삭을 죽이려고 아브라함이 칼을 드는 순간, 힘센 그의 돌쇠들이 100세도 넘은 주인을 노망이라 생각하고 저지했을 것이다. 우리 같으면 그래서라도 일부러 사환들을 데리고 올라갔을 것 같다. 명령을 따르려 했지만 사환들이 말려서 못 했다는 핑계를 대기 위해 말이다. 하지만 아브라함은 하나님의 명령을 겉으로가 아니라 진짜 순종하기 위해 방해 요소들을 미리 제거하고 산에 올랐다.

즉, 아브라함은 '진짜로' 아들을 죽여서 바치려고 한 것이다. 그것이 확실해진 순간 하나님의 음성이 들렸다. 창세기 22장 11절에 보면 여호와의 사자가 아브라함을 두 번 연속으로 부르는 장면이 나온다. 이것은 아들을 죽이려는 아브라함의 행동이 거침없고 스피디하게 진행되었다는 증거다. 도대체 아브라함의 이런 믿음과 용기는 어디에서 온 걸까?

오늘날 이 본문은 자주 왜곡되어 선포된다. 아브라함이 자식까지 바쳐서 "여호와 이레"(창 22:14)의 복을 받은 것처럼 우리도 아낌없이 바쳐야 복을 얻는다고 말한다. 최소한 자식은 못 바쳐도 집 정도는 바쳐야 되지 않겠냐고 하면서. 이것은 본문을 완전히 잘못 읽은 행태다. 이런 식의 '헌집 줄게 새집 다오'식의 생각은 우상 종교의 핵심이다. 그렇게 따지면 그가 거기서 얻은 실물은 '숫양 한 마리'뿐이다. 기독교 신앙은 이와 다르다. 아브라함이 이삭을 기꺼이 바칠 수 있었던 이유는 그에게 이미 받은 약속이 있었기 때문이다.

이 사건 전에 하나님은 아브라함의 집을 방문하시고 이렇게 말씀하셨다. "여호와께서 이르시되 내가 하려는 것을 아브라함에게 숨기겠느냐"(창 18:17). 이것은 아브라함에게 우정을 제안하신 것이다. 친구 사이에는 감춤이 없다. 이제부터 하나님은 일을 진행하실 때 그전말을 아브라함에게 미리 보여 주실 것이다. 예언과 약속을 주시겠다는 뜻이다. 이것이 이삭을 바치라는 명령에 그대로 적용된다. 하나님은 오래전 아브라함에게 "네 몸에서 날 자가 네 상속자가 되리라"(창 15:4) 하셨고, 이후 사라를 통하여 아들이 태어날 것인데 "너는 그 이름을 이삭이라 하라. 내가 그와 내 언약을 세우리니 그의 후손에게 영원한 언약이 되리라"(창 17:19)고 약속하셨다.

따라서 그는 황당한 명령을 받는 순간에도 어떤 믿음이 있었다. 이삭을 통해 자손을 보게 될 것이라고 이미 약속하셨기 때문이다.

결국 아브라함은 아들 이삭을 죽여도 하나님께서 어떤 식으로든 다시 살리시리라고 믿었다. 히브리서에는 이렇게 나온다. "아브라함은 시험을 받을 때에 믿음으로 이삭을 드렸으니 그는 약속을 받은 자로되 … 하나님이 능히 이삭을 죽은 자 가운데서 다시 살리실 줄로 생각한지라"(히 11:17, 19). 바울 역시 아브라함에 대하여 "그가 믿은 바 하나님은 죽은 자를 살리시며 없는 것을 있는 것으로 부르시는 이"(롬 4:17)라고 말한다.

신에게 뭔가 바쳐서 복을 얻는다는 식으로 해석할 수 없는 이유가 여기에 있다. 그의 제사는 약속을 바탕에 둔 믿음의 제사였다. 하나님은 그가 이미 받은 약속을 얼마나 확실히 믿는지 보시려고 한 것이다. 이처럼 우리의 믿음은 약속에 근거한다. 예수님을 믿으면 영생을 얻는다는 약속이 있기에 이 신앙 부여잡고 허무한 인생에서 주님을 따른다. 그래서 바울은 모든 믿는 자를 "아브라함의 믿음에 속한 자"(롬 4:16)라고 표현했다. 아브라함처럼 약속의 말씀을 믿는 자는 유대인이나 헬라인이나 다 아브라함의 자손이다.

하지만 이야기의 핵심은 한 걸음 더 들어간다. 그렇다면 왜 수많은 시험 중에 굳이 하나뿐인 아들을 죽이라고 하셨을까? 아무리 약속이 있었어도 너무 끔찍한 명령이다. 자기 손에 죽어야 할 이삭을 바라보는 아브라함의 심정을 누가 감히 알랴. 하나님은 왜 굳이 이런 슬픔의 밑바닥까지 아브라함을 떨어뜨리신 것일까? 여기에 믿음의 본질과 절정이 숨어 있다.

마태복음 3장 17절에 보면, 하나님께서 예수님을 향하여 "이는 내 사랑하는 아들이요 내 기뻐하는 자라"고 말씀하신다. 우리는 예수님이 하나님의 사랑하는 아들이라는 사실을 자주 망각한다. 요한복음 1장 18절은 성부와 성자를 서로 품에 껴안고 있는 모습으로 묘사한다. 두 분은 지극히 서로를 사랑하는 사이셨다. 아브라함이 이삭을 바치는 문제로 피 마르는 고민을 한 것처럼 하나님도 자기 독생자를 십자가에 못 박는 문제로 엄청난 고민을 하셨을 것이다.

예수님을 십자가에 못 박은 것은 바리새인도 로마 군병도 아니었다. 바로 하나님 자신이셨다. 이것은 인간이 죄를 지은 후부터 하나님이 정하신 계획이요 결단이셨다(창 3:15). 하지만 아들을 죽여야 하는 하나님의 심정은 찢어질 듯 아프셨다. 그래서 십자가를 지시던 날 태양이 빛을 잃고 캄캄해진 것이다. 하늘에서 보시는 하나님의 슬픔이 표현된 것이다.

그 순간, 하늘 향해 아픔을 호소하는 자기 아들을 바라보시는 하나님의 슬픔을 곁에서 가장 깊이 이해하고 위로할 이는 누구였을까? 아니, 훨씬 더 이전부터 앞으로 당신의 아들이 져야 할 십자가 문제를 고민하실 때마다 곁에서 하나님의 마음을 위로하고 이해해 드릴 수 있었던 사람은 누구였을까? 가브리엘도 미가엘도, 천군천사 중에 그 누구도 아니라 오직 아브라함뿐이다.

어떤 사람이 교통사고로 딸을 잃었다. 장례식장에서 넋이 나가 있는 그를 친구들은 여러모로 위로했다. 하지만 그 어떤 위로도 효력이 없었다. 그런데 잠시 후 또 다른 친구가 들어와 말없이 그를 안고 펑펑 울었다. 그렇게 둘이 한참을 울고 친구가 돌아간 후 딸을 잃은 사람은 다시 용기를 내고 일어섰다. 그와 함께 울었던 친구는 일 년 전 똑같이 교통사고로 딸을 잃은 사람이었다.

하나님은 우리를 위해 아들을 십자가에 매다는 극한의 슬픔을 택하셨다. 아브라함은 그 심정을 누구보다 깊이 이해하고 함께 통곡하는 친구였다. 아브라함이 곁에 있었기에 하나님은 자기 슬픔과 아픔을 좀 더 감수하실 수 있지 않으셨을까. 그래서 하나님은 그를 '내 벗이요 친구'라고 주저하지 않고 부르신 것이다. 어쩌면 그 옛날, 아브라함이 아들을 바치는 문제로 고민하며 밤을 새우던 그때, 하나님은 아브라함에게 이미 복음의 비밀을 상세히 설명하셨을지도 모른다. "아브라함아, 너는 네 아들의 목숨을 놓고 고민하느냐? 나도 앞으로 너와 네 자손들을 위해 내 아들을 죽여야 한다. 하지만 내 아들은 부활할 것이고 네 아들 또한 내가 살려 줄 테니 내 마음을 이해하고 한번 바쳐 보겠니?"

아브라함이 이삭을 바치려고 올랐던 모리아의 그 산을 학자들은 골고다 언덕 부근으로 추정한다. 이를 종합하면 아마 그는 골고다에서 아들을 제물로 바치려 하시는 하나님의 심정을 미리 알고 미련 없이 이삭에게 칼을 들이댄 것이다. 그렇다면 아브라함은 장래 예수님의 죽음과 부활까지 알고 있었을 것이다. 그러니 예수님이 이렇게 말씀하신 것이다. "너희 조상 아브라함은 나의 때 볼 것을 즐거워하다가 보고 기뻐하였느니라"(요 8:56).

결론적으로 하나님은 아브라함이 자기 아들을 죽이지 못하게 하셨다. 하지만 그의 믿음을 확인하신 하나님은 그 산 그 언덕에서 자기 아들을 실제로 죽이셨다. 이 비극 속에는 하나님의 기대와 소망이 들어 있었다. 이 사건을 통해 아브라함처럼 하나님의 심정을 이해하고 그분의 자녀가 될 자들이 나타날 것이라는 기대다. 십자가를 지신 예수님도 전날 밤 제자들에게 이렇게 말씀하셨다. "사람이 친구를 위하여 자기 목숨을 버리면 이보다 더 큰 사랑이 없나니 … 이제부터는 너희를 종이라 하지 아니하리니 좋은 주인이 하는 것을 알지 못함이라. 너희를 친구라 하였노니 내가 내 아버지께 들은 것을 다 너희에게 알게 하였음이라"(요 15:13, 15).

아브라함에게 먼저 손을 내밀어 약속의 말씀을 주시고 아들을 빼앗기는 심정을 알게 하신 하나님, 죄인들에게 약속의 비밀을 알려 주시고 십자가에서 죽으심으로 친구가 되어 주신 예수님. 성부 성자의 이 두렵고 위대한 계획에 공감하고 가슴 떨리는 자가 바로 성도다. 믿음이 무엇인가? 내가 원하는 것이 반드시 이뤄진다고 밀어붙이는 것인가? 아니다. 아브라함에게 속한 믿음은 자기 아들을 죽이신 하나님의 마음을 아는 것이다. 그분이 느끼셨을 슬픔이 얼마나 큰 사랑인지 알고 그 사랑에 굴복되어 날마다 아들의 십자가에 동참하는 것이다. 그가 바로 하나님의 벗된 아브라함의 진정한 자손이다.

지금 나는 하나님의 심정으로 십자가를 지는 존재인가? 아니면 바이킹 타듯 십자가에 올라타서 재미있다고 더 높이 흔들어 달라고 외치며 주님의 마음을 아프게 하는 자인가?

억울한 에서

에서는 억울하게 미움받았을까

> 그 아이들이 장성하매 에서는 익숙한 사냥꾼이었으므로 들사람
> 이 되고 야곱은 조용한 사람이었으므로 장막에 거주하니.
>
> 창세기 25:27

이삭의 쌍둥이 아들 중에 장자는 에서였다. 따라서 아브라함의 하나
님, 이삭의 하나님, 에서의 하나님으로 이어져야 정상이다. 하지만
에서가 장자권을 빼앗김으로써 우리는 에서의 하나님 대신 야곱의
하나님을 고백한다. 이에 대해 의문을 갖는 사람이 많다. 특히 "에서
는 야곱의 형이 아니냐? 그러나 내가 야곱을 사랑하였고 에서는 미
워하였"다(말 1:2-3)는 구절에 이르면 의문은 증폭된다. 하나님은 이
유 없이 누구는 사랑하고 누구는 미워하시는 분인가?

하지만 성경을 제대로 보면 에서가 이유 없이 장자권을 빼앗긴 것
이 아님을 알 수 있다. 이제부터 이를 추적해 보자. 아브라함 집안은
이리저리 유랑생활을 하였지만 엄연한 가업이 있었다. 목축업을 하
던 그 집은 많은 가축을 소유한 축산 재벌이었다. 아브라함에게는
"가축과 은과 금이 풍부"하였다(창 13:2). 그런데 재산이 더욱 불어나

나중에는 "소유가 많아서"(창 13:6) 조카 롯과 들판을 함께 사용하지 못할 정도가 되었다. 이토록 부자였던 아브라함은 롯이 적에게 사로잡혔을 때 "집에서 길리고 훈련된 자 삼백십팔 명을 거느리고"(창 14:14) 직접 구출 작전에 나선다. 거의 두 개 중대를 개인적으로 거느린 것을 보면 당시 아브라함 집안이 얼마나 부자였는지 짐작해 볼 수 있다.

그런데 아브라함은 죽기 전에 아들 이삭에게 자기의 모든 소유를 주었다(창 25:5). 이삭은 사업 수완이 좋았는지 농사에도 손을 대어 재산을 더욱 늘렸다. "이삭이 그 땅에서 농사하여 그 해에 백 배나 얻었고 여호와께서 복을 주시므로 그 사람이 창대하고 왕성하여 마침내 거부가 되어 양과 소가 떼를 이루고 종이 심히 많"았다(창 26:12-16). 이삭의 아들 에서와 야곱은 이런 엄청난 부잣집 출신이다. 먹고살기 힘든 시대에 다복하기 이를 데 없었다. 특히 이 모든 권한을 이어받을 장자 에서는 말 그대로 '다이아몬드 수저'였다.

그런데 이런 에서가 장성하여 "익숙한 사냥꾼"(창 25:27)이 되었다. 가업과 아무 상관 없는 직종을 택한 것이다. 사냥은 그때나 지금이나 주로 두 가지 목적을 위해 한다. 첫째는 먹고살기 위해서인데 자기 농토나 재산이 없는 자들이 이런 사냥을 한다. 하지만 에서는 먹고살기 위해 사냥을 할 필요가 없었다. 이미 거부 집안의 상속자였다. 이 경우 사냥을 하는 목적은 딱 한 가지다. 재미를 위해서다.

세상에서 가장 재미있는 스포츠가 뭐냐고 사냥을 해본 사람들에게 물으면, 두말 않고 사냥이라고 한다. 도망가는 짐승을 활이나 총으로 쏘아 쓰러뜨리는 기분은 안 해본 사람은 절대 모른다고 한다.

그것이 얼마나 재미있던지, 〈용비어천가〉에 보면 하나라의 태강 왕이 낙수에서 백 일 넘게 사냥을 즐기고 돌아와 보니 나라가 이미 다른 사람 손에 넘어갔다는 이야기도 있다. 에서도 이러한 재미에 빠져 사냥꾼이 되었던 것이다.

본래 그는 재벌가의 상속자로 할 일이 많았다. 엄청난 규모의 농사와 목축 현황을 파악하고 많은 하인들을 다스리는 CEO 경영 수업을 쌓아야 했다. 집안에 있는 부대의 총사령관으로서 병사들의 신망을 얻고 병법도 연마해야 했다. 무엇보다 제사장이 없던 시절, 하나님을 섬기는 집안 대표로서 여러 가지 규례와 제사법을 익히고 할아버지 때부터 내려오는 말씀을 배워야 했다. 하지만 이 모두는 에서에게 따분하기 이를 데 없었다. 결국 그는 해야 할 일을 제쳐 놓고 짜릿한 스포츠인 사냥에 빠져들었다.

성경은 에서를 '익숙한 사냥꾼'이라고 말하는데, "익숙한"으로 번역된 히브리어 '야다'는 뭔가를 체험하여 알게 된 상태를 말한다. 즉 '타고난'이 아니라 '오래 숙달된'이란 뜻이다. 이로 보아 에서의 사냥 편력은 상당히 오래된 것처럼 보인다. 집에 머무는 시간보다 바깥에 나가 돌아다니는 시간이 훨씬 많았던 같다. 그래서 성경은 에서를 "들사람"(창 25:27)이라고 소개한다.

이제부터 착각해서는 안 될 사실이 있다. 에서가 사냥을 하면서 들판에 거적때기를 깔고 먹고 자고 한 것이 아니라는 것이다. 당시의 주위 환경은 결코 미개하지 않았다. 곳곳에 소돔 고모라 같은 도시와 성읍들이 발달해 있었고 가나안의 쾌락문화가 넘쳐 났다. 아마 에서는 타락한 권력자나 재벌 2세들이 호텔과 유흥가에서 쾌락을 즐기듯 여기저기 경치 좋은 사냥터에 별장을 사놓았거나 일류 호텔의 단골 고객이었을 것이다. 당연히 주변에 추종자들도 매우 많았음에 틀림없다.

흔한 말로 밥은 밖에서 먹어도 잠은 집에서 자야 한다. 혈기 넘치는 남자가 낯선 곳 자유로운 밤에 돈까지 넘치는 상황에서 기도하고 큐티하다가 잠이 들기는 쉽지 않다. 음흉한 상상이 마음을 두드린다. 하물며 신앙훈련을 버리고 산과 들에서 육신의 재미를 쫓던 에서이니 오죽했겠는가? 방탕한 쪽으로 흘러 각지에 현지처를 두었을 것이다. "에서가 사십 세에 헷 족속 브에리의 딸 유딧과 헷 족속 엘론의 딸 바스맛을 아내로 맞이하였더니 그들이 이삭과 리브가의 마음에 근심이 되었더라"(창 26:34-35).

그는 부모에게 말도 하지 않고 두 명의 이방여인과 마음대로 결혼했다. 밖으로 나돌다가 어느 날 두 여인을 데리고 나타나 나의 아내, 아니 '아내들'이라고 소개하는 에서를 봤을 때 이삭과 리브가는 얼마나 황당했을까? 그는 부모 가슴에 못을 박는 불효자였다. 아브라함은 이삭을 결혼시킬 때 이방여인과 결혼하면 안 된다는 철칙을 세웠다(창 24:2-4). 이를 위해 하란까지 종을 보내어 같은 혈통의 리브가를 데려왔다. 이렇게 결혼한 이삭과 리브가는 구약의 인물 가운데 드물게 일부일처를 지켰고 부부 금슬이 매우 좋았다. 부부의 사랑 행각을 실제로 보인 것은 아마 성경에 이삭과 리브가뿐일 것이다(창 26:8).

이런 가풍을 지닌 집안에 이방여자를 그것도 둘씩이나 갑자기 데리고 나타난 에서는 부모 눈에 크나큰 근심거리였다. 특히 시어머니 리브가는 이 두 이방며느리들을 도저히 곱게 봐줄 수 없었던 것 같다. 그녀의 분노한 모습은 이렇게 나타난다. "내가 헷 사람의 딸들로 말미암아 내 삶이 싫어졌거늘 야곱이 만일 … 헷 사람의 딸들 중에서 아내를 맞이하면 내 삶이 내게 무슨 재미가 있으리이까"(창 27:46). "삶"이라고 번역된 히브리어 '하이'는 '생명'이라는 뜻이다. 생명이 싫어졌다는 말은 '죽고 싶다'는 것이다. 그래서 개역개정성경이 나오기 전에 펴낸 개역한글성경에서는 "헷 사람의 딸들을 인하여 나의 생명을 싫어하거늘"이라고 번역했다.

무엇보다 리브가는 야곱마저 이방여인과 결혼할 경우 "내게 무슨 재미가 있으리이까"라고 했다. 이것은 뜻이 축소된 의역이다. 원문에는 '재미'라는 말이 없으며, 이 문장을 직역하면 '내 삶이 무엇이냐'다. 지금 리브가는 야곱까지 이방여인과 결혼하면 자기 삶은 아무 가치도 없다고 말하고 있는 것이다. 그래서 NIV성경은 이것을 "My life will not be worth living"(나의 삶은 살 가치가 없다), 더 쉬운 번역인 NLT성경은 "I would rather die"(차라리 죽는 것이 낫다)로 번역한다.

아들이 이방여인과 결혼하는 것은 리브가에게 단순히 재미 차원이 아니었다. 죽기보다 싫을 만큼 크고 중대한 가치였다. 그 증거는 리브가가 야곱에게 장자의 축복을 받게 만든 사건에서 드러난다. 흔히 약삭빠른 야곱이 장자의 축복을 빼앗았다고 생각하지만 그렇지 않다. 이전의 '팥죽 사건'(창 25:29-34) 때는 리브가의 개입이 불분명하나 장자의 축복 사건은 전적으로 리브가의 주도하에 일어난 일이다. 야곱은 겁이 나서 엄두도 못 내지만 그녀는 덜덜 떠는 둘째에게 스스로 저주를 자청하며 일을 진행시켰다(창 27:13).

사실 에서도 리브가가 배 아파 낳은 자식이었다. 하지만 리브가는 이방여인과의 결혼을 결코 용납할 수 없었다. 이것은 그녀의 취향 문제가 아니라 신앙적인 집념이었다. 하란에서 태어난 그녀는 같은 혈통의 며느리를 구하려는 아브라함의 신념에 감동하여 그 길을 따랐다. 그녀에게 시아버지의 원칙은 지금의 그녀와 그녀의 두 아들, 나아가 집안 전체를 세워 준 초석이었다. 그런데 장자인 에서가 이 것을 무참히 깨뜨렸다. 이런 자식이 이방며느리들과 함께 이끌고 나아갈 아브라함 집안의 미래는 참담했다.

결국 그녀가 선택할 수 있는 길은 하나뿐이었다. 아직 총각인 둘째 야곱을 장자로 만들어서 제대로 된 아내를 얻게 하는 것이었다. 현명한 아내의 올바른 식견에 에서를 좋아했던 이삭도 결국 수긍했다. 그래서 야곱을 떠나보낼 때 그는 "당부하여 이르되 너는 가나안 사람의 딸들 중에서 아내를 맞이하지 말고 일어나 밧단아람으로 가서 … 네 외삼촌 라반의 딸 중에서 아내를 맞이하라"(창 28:1-2)고 명령을 내린 것이다.

이 모두는 오늘날 우리에게 주시는 경고다. 에서의 몰락은 억울한 것이 아니고 당연한 귀결이다. 그래서 초대교회 사람들은 에서를 중요한 경계의 모델로 삼았다. "너희는 하나님의 은혜에 이르지 못하는 자가 없도록 하고 … 음행하는 자와 혹 한 그릇 음식을 위하여 장자의 명분을 판 에서와 같이 망령된 자가 없도록 살피라"(히 12:15-16). 하나님이 주신 천국의 장자권을 소홀히 하고 육신의 욕구에 몰두하면 안 된다. 보이지 않는 가치를 세상의 기쁨보다 귀히 보는 성도가 진정 영안이 열린 사람이다.

에서는 끝까지 어리석었었다. 장자의 축복을 빼앗기고 나름 그 원인을 곰곰이 생각했던 것 같다. 그러다가 "에서가 또 본즉 가나안 사람의 딸들이 그의 아버지 이삭을 기쁘게 하지 못하는" 것을 알게 되었다(창 28:8). 그러자 잘한답시고 다시 기상천외한 일을 저질렀다. 아브라함의 첩의 아들인 이스마엘에게 가서 "이스마엘의 딸이요 느바욧의 누이인 마할랏을 아내로 맞이"한 것이다(창 28:9).

알다시피 이삭과 이스마엘은 애매하고 곤란한 원수지간이었다. 이제 제대로 된 혈통의 며느리를 보셨다면서 세 번째 아내를 인사시키는 에서를 보면서 이삭과 리브가는 울지도 웃지도 못했을 것이다. 다만 야곱에게 장자권이 돌아간 것이 천만다행이라고 서로 눈을 끔뻑였을 것이다.

레아와 라헬

둘 중 누가 조강지처일까

> 아브라함과 그의 아내 사라가 거기 장사되었고 이삭과 그의 아
> 내 리브가도 거기 장사되었으며 나도 레아를 그곳에 장사하였
> 노라. 창세기 49:31

야곱은 부인인 레아와 라헬 중 라헬을 본래 사랑했다. 라헬은 아름
다운 여인이었다. "라헬은 곱고 아리따우니"(창 29:17)라고 성경은 묘
사한다. 히브리어 원문대로 읽으면, 그녀는 아름다운 '형태'(토아르)
와 아름다운 '외관'(마르에흐)을 가진 여성이었다. 즉 몸매와 얼굴이
모두 빼어났다는 말이다. 이런 찬사를 가진 여인이 구약에 한 명 더
나오는데 바로 에스더. 그녀 역시 '토아르'와 '마르에흐'가 모두
빼어났다고 한다(에 2:7). 에스더는 페르시아 미인대회 우승자 출신으
로 지금으로 치면 미스유니버스다. 그런 에스더와 동일한 수식이 붙
었으니 라헬은 굉장한 미녀였음에 틀림없다.

이에 비해 레아는 흠이 있었다. 라헬과 같은 핏줄이고 나중에 세
겜 추장이 그녀의 딸 디나에게 홀딱 반한 것을 보면(창 34:1-3) 본판
자체가 나빴던 것은 아닌 듯하다. 하지만 그녀는 '시력이 약했다'(창

29:17). 안경이 일반화된 요즘은 시력이 약한 게 큰 흠이 아니지만 당시는 크나큰 장애였다. 일도 제대로 못하고 사람도 구별을 못해 여러모로 지적을 받았을 것이다. 어쩌면 늘 찡그리고 다녀서 불쾌한 인상도 주었을 것이다.

이런 상황에서 야곱은 "레아보다 라헬을 더 사랑"했고(창 29:30), 심지어 그녀를 얻으려고 14년을 몸 바쳐 일했다. 하지만 불같던 사랑이 끝까지 지속된 건 아니다. 라헬은 두 아들 요셉과 베냐민을 낳았는데, 여행길에 베냐민을 낳다가 죽었다. 그녀가 죽자 야곱은 길에다 장사하고 묘비를 세웠다. 본래 이 여행은 벧엘에서 베들레헴을 거쳐 마므레로 가는 길이었다. 마므레는 "아브라함과 이삭이 거류하던 헤브론"(창 35:27)의 한 지역이다. 여기에는 막벨라 굴이라는 무덤이 있었고 아브라함 집안의 정식 부부만 들어갈 수 있었다. 야곱이 마므레에 도착했을 때는 이미 아브라함과 사라는 물론 그의 어머니 리브가도 죽어 들어간 상태였을 것이다. 늙은 이삭만 살아 있다가 야곱을 만났고 결국 그도 죽어서 거기 들어갔다.

하지만 야곱은 사랑했던 라헬을 그냥 길에다 장사지냈다. 비록 내용 모를 묘비는 하나 세웠지만 이후 별다른 설명 없이 "다시 길을 떠나"버린다(창 35:21). 구약성경에는 죽은 자를 위한 애곡이 종종 나온다. 요셉은 죽은 아비를 위해 칠 일을 애곡하였고(창 50:10), 광야에서 아론이 죽었을 때 온 이스라엘은 삼십 일을 애곡하였다(민 20:29). 심지어 라헬이 죽기 얼마 전에 리브가의 유모가 죽었을 때도 야곱은 그녀를 "상수리나무 밑에 장사하고 그 나무 이름을 알론바굿이라 불렀"다(창 35:8). "알론바굿"은 '통곡의 상수리나무'라는 뜻이다. 모친의 유모의 죽음에도 통곡한 야곱이 라헬의 죽음 앞에서는 묘비 외에 어떤 슬픔도 표현하지 않는다. 심지어 그는 라헬의 마지막 유언도 묵살해 버렸다(창 35:18).

야곱이 라헬을 조강지처로 생각했다면 반드시 막벨라 굴에 묻었을 것이다. 벧엘에서 막벨라 굴까지는 대략 40킬로미터다. 이미 베들레헴과 "얼마간 거리를 둔 곳"(창 35:16)까지 왔다면 그보다 훨씬 가까웠을 것이다. 이 정도는 유목민에게 그리 먼 거리가 아니다. 40킬로미터면 요즘도 완전군장 한 군인들이 10시간이면 주파하는 거리다. 여차하면 종들과 열한 명이나 되는 아들들에게 관을 들고 달리게 했을 수도 있다. 하지만 야곱은 미련 없이 라헬을 길에다 장사지낸다. 이것은 애초에 그녀를 막벨라 굴에 들일 마음이 없었다는 증거다(나중에 야곱 자신은 머나먼 애굽에서 죽을 때 자기를 꼭 막벨라 굴에 장사지내라고 유언하고 기어이 거기 들어갔다, 창 50:12-13).

오히려 야곱은 자신이 "레아를 그곳에 장사하였노라"(창 49:31)고 고백한다. 결국 정실부인으로 조상의 묘에 묻힌 것은 레아였다. 야곱이 라헬을 엄청 사랑했던 것을 생각하면 이상한 일이다. 그는 라헬을 "사랑하는 까닭에 칠 년을 며칠같이" 여겼을 정도였다(창 29:20). 그런데 왜 이런 심경의 변화가 일어났을까? 성경에 그 답이 나온다. 라헬은 외모가 천하일색이었지만 마음까지 고운 것은 아니었다. 그녀는 꼴의 값을 하는 여인이었다. 결혼 후에 라헬은 무서운 이기심과 표독성을 발휘했다. 언니 레아만 자꾸 아들을 낳자 그녀는 "언니를 시기"하였고(창 30:1) "내게 자식을 낳게 하라"(창 30:1)며 남편을 들볶았다.

불임의 원인은 당연히 라헬에게 있었다. 야곱이 라헬의 방에서 지낸 시간이 많았을 것은 불 보듯 뻔하고, 그런 상황에서도 레아가 자식을 잘 낳은 것을 보면 야곱에게는 문제가 없었다는 얘기다. 하지만 라헬은 자식 못 낳는 이유를 남편에게 돌렸다. 자신에게 소홀했기 때문이라고 불평했다. 그 불평은 투정 정도가 아니었다. 그녀의 말은 이렇게 이어진다. "그렇지 아니하면 내가 죽[어 버리]겠노라"(창 30:1). 어쩌면 라헬은 손에 농약 한 병을 들고 와서 야곱이 언니 방에 다시 들어가면 마시고 죽어 버리겠다고 난리를 쳤을지도 모른다.

그녀의 독한 성격에 결국 야곱도 레아도 두 손 두 발 다 들었다. 이후에 벌어진 합환채 사건이 그 증거다. 레아의 아들 르우벤이 정력과 임신에 좋다는 합환채를 구해 와 레아에게 주었을 때, 라헬은 다자고짜 "언니의 아들의 합환채를 청구하노라"(창 30:14)고 말한다. 그러자 레아는 "네가 내 남편을 빼앗은 것이 작은 일이냐? 그런데 네가 내 아들의 합환채도 빼앗고자 하느냐?"(창 30:15)며 울부짖는다. 이것은 농약(?) 사건 이후로 야곱이 레아 근처에 얼씬도 못 했다는 증거다.

라헬은 모든 것을 다 가지고 지배해야 속이 풀리는 성격이었다. 어쩌면 처녀 시절에 목자들이 우물가에서 양 떼에게 물도 못 먹이고 얌전히 라헬을 기다렸던 것(창 29:1-9)도 그녀의 못 말리는 성질 때문이었는지 모른다. 사실 라헬과 레아는 친자매지간이다. 자매가 한 남자의 아내가 된 기구한 운명 속에 서로를 위로하며 얼마든지 살 수 있다. 언니 아들이 곧 내 아들이라고 하면서 말이다. 하지만 라헬은 모든 것을 경쟁 상태에 놓고 이겨야 직성이 풀렸다. 오죽하면 자기 여종을 통해 태어난 납달리를 보면서 "내가 언니와 크게 경쟁하여 이겼다"(창 30:8)고 고백했을까? 히브리어 '나프탈리'(납달리)는 '씨름' 혹은 '경쟁'이라는 뜻이다.

이런 상황에서 남편 야곱의 심정이 한번 되어 보라. 아무리 밖에서 성공해도 가정이 불행하면 끝이다. 고향에서 도망쳐 온 야곱에게 위로가 되어야 할 가정은 점점 지옥처럼 변해 갔다. 그토록 사랑하던 라헬이 소름끼치게 변하여 날마다 한숨을 토하게 만들었다. 그러던 어느 날 동생에게 합환채를 준 레아가 다가와 "내가 내 아들의 합환채로 당신을 샀노라"(창 30:16)고 말할 때 깊은 연민과 동병상련을 느꼈을 것이다. 어쩌면 그날 밤 오랜만에 한 이불을 덮고 자면서 처음으로 레아에 대한 사랑이 싹텄을 가능성도 있다.

라헬의 경쟁심은 그토록 소원하던 아들 요셉을 낳았을 때도 변하지 않았다. 첫아들을 낳은 자리에서 그녀는 만족과 감사보다 더 많은 아들을 가져야 한다고 욕심을 부렸다. 그래서 아들 이름을 요셉이라 짓고 "여호와는 다시 다른 아들을 내게 더하시기를 원하노라"(창 30:24)고 고백한다. 출산한 여인은 고통 때문에라도 금방 또 아기를 낳고 싶어 하지 않는다. 하지만 무통분만도 없던 시절, 라헬은 출산의 고통에도 더 많은 아들을 낳아 반드시 언니를 이기겠다고 전의를 불태운다. 요셉이라는 이름은 '더 달라'는 뜻의 '야사프'에서 왔다.

'욕심이 잉태한즉 죄를 낳는다'(약 1:15)는 말씀대로 라헬의 욕심은 결국 잘못된 경지로 들어갔다. 야곱이 외삼촌 라반을 떠나는 날 라헬은 "아버지의 드라빔을 도둑질"한다(창 31:19). 드라빔은 가족을 수

호하고 평안을 준다는 우상이다. 그녀의 도둑질을 남편을 위한 것으로 보기도 하지만, 평소 성품을 고려하면 자기를 위해서일 확률이 훨씬 높다.

라헬은 드라빔을 섬기는 집에서 평생을 살았다. 어릴 때부터 그 앞에 무수히 빌고 절해 왔을 것이다. 따라서 지금껏 자기를 지켜 주었다고 믿던 신상을 도저히 놓고 올 수 없었다. 아버지 라반이 드라빔을 찾으러 왔을 때(창 31:35), 여호와께 안 들키게 해달라고 그녀가 빌었을까? 틀림없이 깔고 앉은 안장 밑의 우상에게 빌고 또 빌었을 것이다. 그러다 안 들키자 그녀의 드라빔 신앙은 더 곤고해졌을 것이다.

우상을 귀히 여긴 라헬은 결국 그 욕심 때문에 멸망하였다. 야곱은 라반에게 "외삼촌의 신을 누구에게서 찾든지 그는 살지 못할 것"이라고 말한다(창 31:32). 라헬의 객사 원인은 여기에 있을 가능성이 높다. 평생 아들 욕심으로 살던 라헬은 그토록 소망하던 아들을 낳다가 난산으로 죽었다. 이스라엘 백성이 고기 먹고 싶다고 난리를 치다가 메추라기 더미에서 죽었듯이(민 11:31-34) 욕심으로 일어서려는 자는 그 욕심에 깔려 죽는다. 욕심이 잉태한즉 죄를 낳고 죄가 장성하면 사망을 낳는다는 말씀대로다. 라헬은 욕심, 우상숭배, 사망의 길을 걸어가 '더 주시오'(요셉)의 동생 베냐민을 낳다가 죽었다.

라헬은 죽어 가면서도 표독함을 버리지 못했던 것 같다. 태어난 둘째 아들의 이름을 "베노니"(벤+오니, 창 35:18)라고 지었다. 이를 보통 낭만적으로 '슬픔의 아들'이라 해석하지만 '오니'는 슬픔보다는 '말썽'(trouble)이라는 뜻이다. 이 뜻을 적용하면 라헬이 말한 베노니는 '말썽꾼'이란 뜻일 것이다. 지금껏 살펴본 라헬의 성격을 고려하면 가능한 추측이다. 야곱이 이 이름을 극도로 싫어했던 것도 그 증거다. 어지간하면 아내의 마지막 말을 따라 아들의 이름을 바꾸지 않았을 텐데, 그는 '베노니'를 기어이 '베냐민' 즉 '오른손의 아들'로 바꾸었다. 이것은 베노니라는 이름의 뜻이 상상 이상으로 나빴다는 증거다.

라헬의 인생은 시사하는 바가 크다. 자신에게 주어진 복을 못 보고 애먼 억울함과 분노 속에 더 가지려고 경쟁하던 그녀는 결국 들어가야 할 곳에 들어가지 못했다. 막벨라 굴의 주인이 된 것은 억눌리고 주눅 든 삶을 산 레아였다. 결국 그녀가 믿음의 조상 야곱의 정실이고 조강지처였다.

이기적인 요셉

꿈쟁이 요셉은 이기적인 고자질쟁이였을까

> 요셉이 꿈을 꾸고 자기 형들에게 말하매 그들이 그를 더욱 미워하였더라. 요셉이 그들에게 이르되 청하건대 내가 꾼 꿈을 들으시오. … 해와 달과 열한 별이 내게 절하더이다. 창세기 37:5-6, 9

사람은 꿈을 꾼다. 꿈을 거의 안 꾼다는 사람도 사실 기억하지 못할 뿐 잘 때마다 꿈을 꾼다. 때로 아주 긴 꿈을 꾼 것 같은 경우에도 실제 시간은 5-7초가량으로 매우 짧다고 한다. 이러한 꿈의 정체가 현대의학의 발달로 밝혀지고 있다. 정신과학이 밝혀 낸 꿈은 "인간의 무의식 속에 내재된 소망이 표출되는 것"이다. 평소 바라는 것들이 무의식 속에 잠재하다가 잠자는 동안 꿈으로 나타난다. 정신분석학은 이 소망들을 성적인 욕망 등 육체적인 것으로 자주 몰고 가지만 꼭 그런 것만은 아니다. 인간이 가진 거룩하고 영적인 소망 역시 꿈으로 표출될 수 있다. 우리는 이것을 요셉을 통해 확인할 수 있다.

요셉이 꿈을 꾸고 그 꿈이 이루어진 사건은 유명하다. 하지만 이 사건을 이해할 때 몇 가지 새롭게 봐야 할 부분이 있다. 먼저 요셉이 꿈을 꾼 '나이'다. 사람들은 그가 어린 꼬맹이 때 꿈을 꾼 것처럼 생각하지만, 사실은 "십칠 세의 소년"(창 37:2)이었다. 17세는 마냥 어린 나이가 아니다. 이미 몸과 성품이 어린 티를 벗고 성인의 길에 접어드는 순간이다. 고대에는 더 말할 것도 없다. 다윗이 골리앗을 죽이고 이스라엘의 일약 스타로 등극했을 때에도 대략 이 정도 나이였을 것이다. 이 사건 이후 얼마 안 지나서 다윗은 공주와 결혼했다.

그러므로 요셉이 꿈을 꾸었을 때는 우리가 성경 만화에서 흔히 보는 것처럼 아주 어린 꼬마가 아니었다. 이런 사실은 야곱이 요셉을 시종도 안 붙이고 먼 길을 떠나보낸 것에서도 확인할 수 있다. 야곱은 그를 '헤브론 골짜기에서 세겜까지' 보내는데(창 37:14), 직선거리로 약 90킬로미터다. 이 거리는 하루 만에 다녀올 수 있는 길이 아니다. 하지만 야곱은 그토록 아끼는 요셉을 동행도 없이(동행자가 있었다면 형들의 범행은 불가능하다) 혼자 떠나보낸다. 이 모든 정황은 당시 요셉이 거의 다 자란 상태임을 보여 준다.

왜 이것이 중요할까? 요셉이 이미 자기 나름의 뜻과 생각을 품기에 충분한 나이였다는 말이다. 그의 꿈은 철없을 때의 헛꿈이 아니라 정립된 생각과 목표에서 나온 것이었다. 그러면 혹자는 이런 질문을 할지 모른다. "아니, 요셉이 꾼 꿈은 하나님이 주신 꿈 아니었어?" 흥미롭게도 성경에는 그런 내용이 나오지 않는다.

믿음의 조상들이 꿈을 통해 계시를 받을 때는 그 사실이 명확히 드러난다. 요셉뿐 아니라 그의 조상들도 꿈을 많이 꾸었는데, 할아버지 아브라함은 꿈에 하나님의 음성을 들었으며(창 15:12-21), 아버지 야곱이 꾼 두 번의 특별한 꿈 역시 하나님의 계시였다고 나온다(창 28:12-15, 31:11-13). 하지만 요셉이 꾼 꿈에는 그것이 하나님 혹은 그분의 사자가 계시한 것이라는 말이 없다. 야곱이 자기가 꾼 꿈을 이야기했을 때 부인들은 감화되어 "이제 하나님이 당신에게 이르신 일을 다 준행하라"(창 31:16)고 했지만, 요셉의 꿈은 건방진 자랑 같았기에 형들이 그를 더욱 미워하는 결과만 낳았다(창 37:8).

그렇다면 요셉의 꿈 내용은 무엇인가. 두 가지인데 서로 매우 흡사하다. 첫 번째는 형들의 곡식 단이 자기 단을 둘러 절했다는 것이고(창 37:7), 두 번째는 해와 달과 열한 별이 자기에게 절했다는 것이다(창 37:9). 형들이 이 꿈에 분노한 것은 자신들이 요셉에게 "절했다"는 표현 때문이었을 것이다. 하지만 다른 각도로 보면 이 꿈의 초점이 '절'보다는 온 가족이 한자리에 모인 모습에 집중하고 있음을 알 수 있다.

특히 첫 번째 꿈에 나오는 "우리가 밭에서 곡식 단을 묶더니"(창 37:7)라는 표현은 야곱의 아들들이 한자리에서 같은 일에 몰두하고 있음을 보여 준다. 이 일이 농업인 것은 의미가 더 깊다. 야곱 집안의 주업은 목축이었다(창 46:32). 따라서 온 식구가 함께 정착 생활을 하기는 힘들었다. 이것은 형들이 양을 친다는 명목으로 집을 멀리 떠나 있는 모습에서 확인할 수 있다(창 37:14). 하지만 요셉의 꿈에 나타난 식구들은 함께 농사를 짓고 있다. 이는 온 가족이 한자리에 정착해서 살아가는 모습을 상징한다.

이처럼 요셉의 꿈의 바탕에는 형들을 포함한 온 식구가 흩어지지 않고 하나로 살고 싶다는 바람이 담겨 있다. 만약 이 꿈이 하나님의 특별한 계시였다면 야곱 집안은 나중에 농업 가문이 되었어야 한다. 하지만 그렇지 않았다. 그들은 나중에 애굽에 가서도 목축업을 계속

하였다(창 47:1-6). 이 모두는 이 꿈이 요셉에게 잠재된 비전의 표출이라는 증거다. 자기가 중심에서 절을 받은 것은, 이 역할을 자신이 주도하고 싶다는 소망의 표출이다. 자신을 중심으로 열두 명의 형제가 흩어지지 않고 함께 살아갈 미래를 무의식중에 늘 소망해 왔고 이것이 꿈을 통해 나타난 것이다. 이렇게 말할 수 있는 증거들이 곳곳에서 발견된다.

> 요셉이 십칠 세의 소년으로서 그의 형들과 함께 양을 칠 때에 그의 아버지의 아내들 빌하와 실바의 아들들과 더불어 함께 있었더니 그가 그들의 잘못을 아버지에게 말하더라(창 37:2).

우리는 이 구절을 통해 요셉이 고자질하기 좋아하는 성격이었다고 생각한다. 과연 그럴까? 요셉은 다른 사람이 아니라 특히 "빌하와 실바"의 아들들의 잘못을 아버지에게 일렀다. 그녀들은 본부인인 라헬과 레아의 하녀 출신으로 야곱의 첩이 되어 자식을 낳았지만 정실부인이 아니었다. 따라서 이들을 통해 태어난 단과 납달리 그리고 갓과 아셀은 형제 중에 삐딱할 요소가 많은 자들이었다.

요셉은 바로 이들의 불만 요소에 관심이 많았다. 성경이 말하는 그들의 '잘못'이라는 히브리어 단어는 '라'인데, 이 단어에는 재앙이라는 뜻도 포함된다(창 19:19). 요셉은 이들 가운데 뭔가 가족 파괴를 일으킬 요소가 발견될 때마다 아버지께 열심히 알렸던 것 같다. 야곱도 당연히 열두 아들이 분열되는 것을 원치 않았다. 그런 모습은 형들이 양을 치러 갔을 때에 요셉을 보내면서 "네 형들과 양 떼가 다 잘 있는지를 보고 돌아와 내게 말하라"(창 37:14) 하는 장면에서 감지할 수 있다.

그렇다면 왜 야곱의 가족은 흩어지지 말아야 하는가? 아브라함 집안의 자손이기 때문이다. 이 집안에는 대대로 내려오는 하나님의 약속이 있었다. 그 핵심은 땅과 자손의 복이다. 아브라함과 이삭을 거쳐 야곱에게 하나님이 그 복을 다시 약속하시는 장면은 다음과 같다.

> 나는 여호와니 너의 조부 아브라함의 하나님이요 이삭의 하나님이라. 네가 누워 있는 땅을 내가 **너와 네 자손**에게 주리니 네 자손이 땅의 티끌같이 되어 네가 서쪽과 동쪽과 북쪽과 남쪽으로 퍼져 나갈지며 땅의 모든 족속이 너와 네 자손으로 말미암아 복을 받으리라 (창 28:13-14).

아브라함에서 시작된 하나님의 복은 이삭과 야곱 그리고 그의 자식들로 이어진다. 여기 나오는 "너와 네 자손"은 "땅의 모든 족속"과 구별되는 단일민족 곧 '이스라엘'이다. 하지만 아브라함이나 이삭 시대에 그 복이 이뤄질 가능성은 흐릿했다. 약속의 자식인 이삭과 그다음 대의 야곱을 빼고 그 외의 형제들은 모두 이방족속으로 변해 버렸기 때문이다. 다음 구절을 보자.

> 그들이 한마음으로 의논하고 주를 대적하여 서로 동맹하니 곧 에돔의 장막과 이스마엘인과 모압과 하갈인이며 그발과 암몬과 아말렉이며 블레셋과 두로 사람이요 앗수르도 그들과 연합하여 롯 자손의

도움이 되었나이다(시 83:5-8).

이 구절에는 아브라함과 관련된 낯익은 이름들이 죽 나온다. 이스마엘은 아브라함이 하갈을 통해 얻은 아들로 결국 다른 민족을 이루었다. 모압과 암몬은 아브라함의 조카 롯의 자손으로 역시 이방민족이 되었다. 아브라함이 후처 그두라를 통해 낳은 자손들도 앗수르와 미디안 등 전혀 다른 족속이 되었다(창 25:1-5). 이삭 때도 마찬가지다. 큰아들 에서도 아버지를 떠나 끝내 에돔 족속이 되고 말았다.

이렇게 된 원인은 형제들이 한자리에 있지 않고 각각 떠나 흩어졌기 때문이다. 흩어짐의 중심에는 그들이 정실부인의 자녀가 아니라는 요소가 크게 작용했다. 그러다 보니 아브라함 집안이 "하늘의 별과 같고 바닷가의 모래와 같게" 될 약속(창 22:17)은 언제 성취될지 묘연했다. 그런데 야곱 때에 이르자 서광이 조금 비치기 시작했다. 야곱의 아들이 열두 명이나 되었기 때문이다.

분명 요셉은 아버지를 통해 조상 때부터 내려온 하나님의 약속을 미리 배웠고 나아가 자기 집안의 세세한 히스토리도 알았을 것이다. 그래서 요셉은 아브라함 집안의 축복이 온전해지려면 무엇보다 형제간에 흩어지지 말아야 함을 깊이 인식했다. 특히 첩이나 후처의 자식들이 흩어져 다른 족속이 되어 버린 것을 깨닫고, 자기 아버지의 첩인 빌하와 실바의 아들들을 주목하게 되었다. 그래서 그들 속에 어떤 이탈과 분열의 조짐이 보이면 아버지에게 고해바치기 시작한 것이다.

따라서 요셉은 고자질쟁이가 아니라 하나님이 주신 복을 이루려는 사명에 불타던 청년이었다. 아직 완숙하지 못해 인격적으로까지 형들을 만족시키기는 힘들었지만, 그럼에도 그의 가슴에는 집안이 흩어지지 말고 단일민족의 기초로 성장해야 한다는 강한 소망이 있었다. 이 소망이 그의 심령에 넘쳐서 무의식중에 꿈으로 표출된 것이 바로 그의 꿈이었고, 결국 그 꿈이 이루어진 것이다.

여기서 우리는 한 가지 중요한 점을 포착할 수 있다. 하나님께서 자기의 뜻을 밝혀 주시는 계시의 꿈도 있지만, 하나님의 뜻을 간절히 이루려는 성도가 자발적으로 꾸는 꿈도 있다는 것이다. 물론 계시의 꿈이 우선이다. 성경이 없던 그 당시에는 계시를 통해서만 하나님의 뜻을 알 수 있었다. 하지만 그렇게 하나님의 뜻을 안 후 그 뜻을 간절히 소망하고 그 뜻 실현의 중심에 자기가 세워지기를 갈망하는 사람은 요셉과 같은 소망의 꿈도 스스로 가질 수 있다.

그 꿈이 심중에 흘러넘쳐 요셉처럼 자면서도 하나님의 뜻과 나라가 이뤄지기를 갈망하는 사람, 하나님은 이런 사람을 찾으시고 그를 통해 자신의 약속들을 성취해 나가신다. 이것은 오늘날 유행하는 긍정적 사고방식 같은 것과 차원이 다르다. 그릇된 긍정의 힘은 내가 원하는 것에 초점을 맞춘다. 하지만 요셉의 꿈은 내 소원이 아니라 하나님이 원하시는 것이다. 하나님의 나라를 위한 꿈은 하나님의 약속과 맞닿아 기어이 성취된다.

그렇다면 요셉의 꿈은 어떤 과정을 통해 이루어졌을까? 여기에 더 기이한 비밀이 숨어 있다. 요셉은 자기의 꿈을 통해 형들의 미움을 받았다. 그런데 이 미움이 아이러니하게도 형들을 단결시키고 있다. 사실 요셉의 형들은 시므온과 레위의 경우에서 보듯이(창 34:25 이

하) 거칠고 급한 성격들이었고, 어머니가 네 명인 데다가 신분도 달랐기 때문에 하나가 될 가능성이 매우 희박한 그룹이었다. 게다가 맏형 르우벤은 서모인 빌하와 바람까지 피우고 있었다(창 35:22). 하지만 요셉은 이처럼 분열된 형들 그룹 안에 유일하게 공통된 감정의 끈 하나를 제공하였다. 그것이 바로 '미움'이었다.

본래 아버지의 사랑을 독차지해서 일차 미움(창 37:4)을 받았던 요셉은 "꿈을 꾸고 자기 형들에게 말하매 그들이 그를 더욱 미워하"게 되었다(창 37:5). 적의 적은 친구라는 말처럼 공통의 적을 가진 사람끼리 뭉치는 특성이 있다. 왕따 요셉은 서로 다툴 요소가 많은 형들에게 공통의 화제와 공통의 감정을 제공하는 도구 역할을 했다. 요셉의 형들이 그를 미워하였다는 구절들을 보면 누구누구라 할 것 없이 열 명 모두 한 덩어리로 등장한다. "그의 형들이 … 그를 미워하여"(창 37:4), "그들이 더욱 미워하였더라"(창 37:5), "그의 형들이 … 그를 더욱 미워하더니"(창 37:8). 이처럼 형들 전체가 하나로 똘똘 뭉쳐 요셉을 미워하고 있었다.

그 미움이 얼마나 컸던지 형들은 심지어 요셉을 죽이기를 꾀하다가(창 37:18) 이스마엘 낙타 상인들에게 결국 팔아넘겼다. 하지만 이 비극 속에도 하나님의 섭리가 숨어 있다. 이 일을 통해 그들은 씻을 수 없는 죄의 공범자들이 되어 버린 것이다. 이들은 일평생 동일 범죄에 대한 죄책감으로 살아갈 수밖에 없었다. 아마 일상에서 서로 잘났다고 다투다가도 이 일이 떠오르면 숙연해졌을 것이다. 함께 짊어진 죄 짐 아래 똑같은 죄인이었기 때문이다. 결국 형들은 요셉을 통해 한 배에 올라탄 운명공동체가 되고 말았다. 아이러니하게도 이것은 요셉이 평소 형들에게 늘 소망하던 것이었다.

이를 증명할 수 있는 구절이 있다. 형들은 나중에 애굽에서 총리가 된 요셉을 만나 막내아우 베냐민을 데려오라는 말을 듣고 이렇게 고백한다.

> 우리가 아우의 일로 말미암아 범죄하였도다. 그가 우리에게 애걸할 때에 그 마음의 괴로움을 보고도 듣지 아니하였으므로 이 괴로움이 우리에게 임하도다(창 42:21).

그들이 요셉을 팔아 버린 것은 20년도 넘은 일이었다. 17세에 팔아넘긴 동생이 30세에 총리대신이 되어 7년 풍년 기간을 거친 후였다. 게다가 그들은 지금 자기들을 명령하는 총리가 요셉일 거라고는 꿈에도 생각지 못했다. 그럼에도 뭔가 불운한 기운이 닥치자 그들은 그것을 즉시 20년 전 요셉에게 저지른 범죄와 연결시킨다. 이것은 그 일이 얼마나 그들의 가슴속에 크나큰 공통의 죄책감으로 자리 잡고 있었는지를 보여 준다.

그뿐만 아니다. 동생을 팔아 버린 그들은 요셉의 채색옷에 숫염소의 피를 묻혀 맹수에게 물려 죽은 것처럼 위장하고 아버지에게 거짓말을 했다. 그러자 야곱은 "자기 옷을 찢고 굵은 베로 허리를 묶고 오래도록 그의 아들을 인하여 애통"한다(창 37:34). 이때 자기들의 거짓말을 듣고 통곡하는 늙은 아버지를 바라보는 형들의 마음은 어땠을까? 어쩌면 생전 처음으로 아버지한테 죄송하다는 감정을 느꼈을 것이다. 하녀의 자식으로 태어나 불만이 많던 아들들도 아버지와 팔아 버린 동생에게 말할 수 없는 미안함이 치솟았을 것이다.

성경에는 야곱이 대성통곡을 하자 "그의 모든 자녀가 위로하"였다(창 37:35)고 증언한다. 여기 등장하는 "자녀"를 원문대로 직역하면 '모든 아들들과 모든 딸들'인데, 당연히 요셉의 형들 전체가 포함된다. 이들의 위로는 거짓이었을까? 고소하다는 마음으로 아버지를 비웃으며 위로했을까? 그럴 수 없다. 자기들의 거짓말로 평생 가슴에 피멍을 안고 살아갈 아버지께 죄송함과 연민을 느낄 수밖에 없다.

그래서 성경은 이날 이후로 어떤 분위기의 변화를 보여 준다. 아버지를 대하는 형들의 태도가 상당히 순종적이고 고분고분해졌다. 본래 야곱의 아들들은 성장한 뒤로 아버지의 말을 잘 안 듣고 제멋대로였다. 야곱의 딸 디나가 세겜 추장의 아들에게 강간당했을 때 시므온과 레위는 아버지의 허락 없이 자기들 마음대로 거짓 계약을 맺고 세겜 사람들을 살육했다(창 34:7-31). 이것을 알게 된 야곱이 그들을 야단치자 "그가 우리 누이를 창녀같이 대우함이 옳으니이까"(창 34:31) 하며 대든다. 하지만 요셉 사건이 있은 후 야곱의 아들들은 아버지에게 대들거나 거친 대답을 하는 모습을 보이지 않고 오히려 순종적이다.

일례로 흉년이 들었을 때에 야곱이 아들들에게 "너희는 어찌하여 서로 바라보고만 있느냐. … 애굽에 곡식이 있다 하니 너희는 그리로 가서 거기서 우리를 위하여 사오라"(창 42:1-2)고 명한다. 짜증 섞인 야곱의 잔소리에 군말 없이 요셉의 형 열 사람이 곡식을 사려고 애굽으로 내려간다(창 42:3). 이런 모습은 이후로도 계속되며 심지어 막내 동생인 베냐민을 애굽에 데려가야 할 때 형제들의 리더인 유다는 역정 내는 아버지에게 상황을 고분고분 설명하고(창 43:3-10) 막내가 잘못되면 자신이 담보가 되어 영원히 죄를 짊어지겠다고 말한다(창 43:9).

그들은 아버지의 대성통곡을 보면서 또 하나 깨달은 것이 있었다. 자기들이 모두 한 아버지의 아들이라는 사실이었다. 네 명의 어머니로 갈라진 그들이 아버지의 눈물을 보고 그 눈물이 자기들의 범죄 때문임을 깨달은 순간, 자신들이 모두 한 아버지에게서 나온 존재임을 깊이 인식하게 되었다. 이것을 엿볼 수 있는 구절이 나온다. 애굽에 내려간 형들이 총리가 된 요셉 앞에서 자기들을 소개할 때 그들은 "우리는 다 한 사람의 아들들로서 확실한 자들"이라고 고백한다(창 42:11). 이것은 서로 어머니가 다르다는 인식으로 갈라졌던 형들의 마음이 요셉을 팔아 버린 후 한 아버지의 아들이라는 일체감을 가지게 되었다는 증거다.

그래서 그들은 아브라함이나 이삭의 자식들과 달리 요셉을 판 후 20년이 지나도록 아버지 곁을 떠나지 않고 순종하며 가족의 테두리를 지켜왔던 것이다. 그렇게 그들은 흩어지지 않았고, 마침내 이스라엘의 근본이 되는 열두 지파의 시조가 되었다. 참 신기한 하나님의 인도하심이다. 형들이 동생을 팔아 버린 터무니없는 비극이 오히려 하나님의 선하신 목표에 도달하는 길이 되었으니 말이다. 누가 감히 이런 시나리오를 계획하고 실현해 나갈 수 있을까? 오직 하나님만이 선한 뜻을 품은 인생들의 삶의 굴곡 가운데 합력하여 끝내 선을 이뤄 주신다.

지금도 하나님은, 요셉처럼 꿈에서조차 하나님의 뜻을 이루고 싶어 하는 사람을 찾고 계신다. 요셉 같은 기막힌 시나리오의 주인공으로 그들을 캐스팅하고 싶어 하신다. 그 길에는 때로 이해하지 못할 가시밭도 있다. 하지만 하나님의 꿈을 함께 꾸는 자는 그 모든 고통이 불가사의한 지름길로 변하는 신비를 체험하게 될 것이다.

하나님의 모세 살인

하나님은 왜 갑자기 모세를 죽이려고 하셨을까

> 모세가 길을 가다가 숙소에 있을 때에 여호와께서 그를 만나사
> 그를 죽이려 하신지라. 십보라가 돌칼을 가져다가 그의 아들의
> 포피를 베어 그의 발에 갖다 대며 이르되 당신은 참으로 내게 피
> 남편이로다 하니. 출애굽기 4:24-25

성경을 읽다 보면 난해한 부분을 상상으로 채워야 할 때가 종종 있
다. 본문 속의 정보가 불충분할 경우에 더욱 그렇다. 이때 사용되는
상상력은 반드시 신학적 논리를 갖춰야 한다. 출애굽기 4장 24-25
절은 대표적인 난해 구절이다. 이 본문에서 하나님은 사명을 수행하
려고 이집트로 향하는 모세에게 나타나 갑자기 그를 죽이려 하신다.
상황이 매우 돌발적이어서 이해하기 힘들다. 하지만 본문의 빈 부분
들을 논리적인 상상으로 채워 가면 어떤 상황인지가 드러난다. 함께
살펴보자.

모세의 인생은 파란만장했다. 이집트 왕자로서 40세까지 궁전에
살다가 자신이 히브리 사람인 것을 알고는 어설픈 애국심으로 애굽
사람을 죽이는 사고를 치고 미디안 광야로 도망갔다. 거기서 미디

안 여인 십보라와 결혼하고 40년 동안 양치기 생활을 하다가 80세에 호렙산에서 하나님의 부름을 받는다. 그리하여 팔십 노년에 민족을 구하러 다시 이집트로 길을 떠났다. 그런데 이 여행 도중 알쏭달쏭한 사건이 발생했다. 하나님은 애굽행을 명령하시면서 "네 목숨을 노리던 자가 다 죽었느니라"(출 4:19)고 친절히 일러 주셨다. 그러니까 출발할 때 모세와 하나님의 분위기는 분명 훈훈했다.

그런데 여행 도중 갑자기 하나님이 나타나 다짜고짜 모세를 죽이려 하셨다. 건장한 천사가 모세의 목을 꽉 잡고 들어 올렸는지, 아니면 불타는 화염검을 들이대었는지도 모른다. 그러자 이 상황을 본 아내 십보라가 "돌칼을 가져다가 그의 아들의 포피를 베어" 할례를 행하고는(출 4:25) 그 살 조각을 모세의 발아래 던지며 이렇게 외쳤다. "당신은 참으로 내게 피 남편이로다"(출 4:25). 그러자 여호와께서 모세를 놓아 주셨다.

도대체 이 사건의 의미는 뭘까? 왜 하나님은 명령대로 잘 가고 있던 모세를 갑자기 죽이려 하셨을까? 왜 그의 아내는 이 상황을 해결하기 위해 자기 아들에게 할례를 행해야 한다고 생각했을까?

이것을 파악하려면 먼저 십보라가 유대인이 아니라 미디안 여인임을 짚고 가야 한다. 예전 드림웍스에서 애니메이션으로 제작한 〈이집트 왕자〉라는 영화에는 십보라가 애굽에 노예로 팔려갔다가 도망친 적이 있는 것처럼 나온다. 그것은 영화일 뿐 사실 그녀는 애굽과 아무 상관 없는 미디안 족속이었다. 처녀 시절, 우물곁에서 행패 부리던 불량배들을 쫓아낸 멋진 남자 모세를 운명처럼 만나(출 2:17) 40년 동안 행복하게 살았다.

모세도 첫아들을 낳고 "타국에서 나그네가 되었음"을 뜻하는 '게르솜'이라는 이름을 붙이고(출 2:22) 가끔 향수에 젖은 것도 같지만, 결국 미디안의 일원으로 완전히 동화되어 살아갔다. 결정적인 증거는 모세가 아들에게 할례를 행하지 않았다는 것이다. 이스라엘 백성은 아들이 태어나면 8일 만에 할례를 행한다. 이것은 애굽의 노예로 있을 때도 당연히 지켜져 온 하나님의 명령이었다(수 5:4-5). 아브라함 때부터 모든 자손에게 주신 명령이기 때문이다(창 17:10-12). 모세 역시 버려지기 전 석 달을 부모와 함께 있었으므로 당연히 할례를 받았다. 그래서 바로의 딸이 모세를 건졌을 때 "히브리 사람의 아기"라는 것을 즉시 알아본 것이다(출 2:6).

하지만 모세는 자기 아들들에게 할례를 행하지 않았다. 그냥 애굽 사람도 이스라엘 사람도 아닌 미디안 사람으로 안주하고 싶었던 것이다. 본래 꿈이 컸던 사람의 뜻이 좌절되면 실망도 큰 법이다. 스데반의 설교에는 이집트 왕자였던 모세의 "나이가 사십이 되매 그 형제 이스라엘 자손을 돌볼 생각이" 났다(행 7:23)고 나온다. 하지만 갸륵한 뜻은 펼치기도 전에 정의의 주먹 한 번 잘못 휘둘러 좌절되었다. 결국 모세는 살인범으로 쫓기게 되어 험한 광야로 숨어들어 갔다. 모세는 이 모든 상황을 자기 실수로 생각하고 회개했을까? 아니다. 분명 그는 하나님께 불만이 있었을 것이다. "대체 내가 무슨 잘못을 했다고 일이 이토록 꼬이게 하셨나? 나도 잘해 보려고 한 것뿐인데"라고 말이다.

그래서 모세는 더 이상 이스라엘 백성이기를 거부했던 것 같다. 미디안 집안의 사위가 된 후에는 더욱 그런 결심을 굳히고 아들에게 할례도 주지 않았다. 심지어 호렙산에서 하나님이 부르셨을 때도 사명을 완강히 거절했는데 이 역시 과거의 억울한 실패에 기인한 불만 때문이었으리라. '젊고 팔팔할 때는 광야에 처박아 두셨다가 맥 빠진 노년에 갑자기 불러서 민족을 구하라니.' 필경 이런 삐딱한 마음이 솟아났을 것이다.

모세가 그랬으니 아내인 십보라는 말할 것도 없다. 출가외인이라는 말은 그녀에게 해당되지 않는다. 평생 시댁 식구 얼굴 한 번 본 적 없었고 남편은 친정아버지 집에서 살고 그 밑에서 일했다. 그러니 남편이나 남편의 민족을 따라 변화될 필요가 없었다. 오히려 모세가 자기 민족으로 동화되는 것을 뿌듯하게 지켜보며 살았다.

가끔 남편이 향수를 못 이겨 종살이하는 동포들 이야기를 꺼내면 혀를 차며 이해하는 척했겠지만, 진심으로 공감하지는 않았을 것이다. 그녀에게 모세는 완전히 미디안 족속, 미디안의 가장이며 미디안의 남편이며 미디안의 아버지였다. 그 와중에 세월도 유수 같아 나이가 어언 80세, 이제는 더 새로울 것도 변화의 가능성도 없이 평화롭게 저물어 가는 황혼기에 이르렀다.

그런데 대형사고가 터졌다. 어느 날 양을 치고 돌아온 모세가 뜬금없이 애굽에 있는 자기 형제들을 만나러 가겠다고 했다. 그는 "장인 이드로에게로 돌아가서 그에게 이르되 내가 애굽에 있는 내 형제들에게로 돌아가서 그들이 아직 살아 있는지 알아보려 하오니 나로 가게 하소서"(출 4:18)라고 부탁한다. 모세는, 조금 전에 하나님을 만났는데 자신에게 이스라엘을 노예에서 해방시키라 하셨다고 하면 장인이 정신병원에 보낼 것으로 생각했던 것 같다. 그래서 일단 헤어진 가족 펑계를 댄 것이다.

장인은 지금껏 군소리 없이 잘 살아온 모세의 부탁을 쾌히 허락했다. 하지만 십보라는 불만이었다. '지금까지 미디안 사람으로 잘 살다가 왜 다 늙어서 갑자기 핏줄 타령인가. 영감도 이제 노망인가. 애굽까지 그 먼 길을 어떻게 가누' 등 별 귀찮은 생각들이 솟구쳤을 것이다. 그래도 그녀는 남편의 혈육을 만나러 가기로 했다. 결국 모세는 "그의 아내와 아들들을 나귀에 태우고 애굽으로" 출발했다(출 4:20). 십보라의 입장에서는 결혼 40년 만에 처음 시월드로 인사 가는 귀찮기 이를 데 없는 여정이었다.

그런데 여행 도중, 고향 가는 사람치곤 얼굴이 너무 비장했던 모세에게서 날벼락 같은 소식을 듣는다. 자기가 본래 이스라엘 자손이었다가 이집트 왕자가 된 기구한 운명의 주인공이었고, 나이 사십에 조국을 위해 뭔가 해보려다가 사람을 죽이고 광야로 도망쳐 와 당신을 만났다고, 진짜 기막힌 것은 그로부터 40년이 지난 며칠 전 양을 치다가 하나님을 만났는데 자신한테 이스라엘을 구하라고 명하셨고, 따라서 지금 나는 가족을 만나러 가는 것이 아니라 이스라엘을 바로의 손에서 구하러 간다는 이야기를 말이다.

모세의 이야기를 듣는 동안 십보라의 마음상태가 어떠했을지는 충분히 짐작해 볼 만하다. 아마 남편에게 노인성 치매나 노망이 느껴졌을 것이다. 당연히 둘은 말다툼을 시작하여 심각한 부부싸움에 이르렀다. 이제껏 평화롭게 잘 살다가 왜 다 늙어서 갑자기 조국이니 사명이니 헛소리를 하는가 말이다. 그녀는 자신의 단란한 가정에 불화를 가져온 여호와라는 신도 미웠을 것이다. 자신은 이스라엘 백성이 아니었기 때문이다.

그런데 엎친 데 덮친 격으로 모세는 더 비장한 표정을 지으며 자기 아들들에게 할례를 행해야 한다고 칼을 빼들었다. 미디안에 섞여 살 때는 정체성을 잃고 살았지만 이제 돌아가야 하니 자식에게 할례를 주는 것은 그에게 당연했다. 하지만 십보라는 칼을 들고 자고 있는 아들의 아랫도리를 벗기는 모세를 절대 용납할 수가 없었다. 하나님의 사명 어쩌고 하며 가정을 버리려는 것도 기가 막힌데 멀쩡한 아들에게 소문으로만 듣던, 소독약도 마취제도 없는 시대에 위험하기 짝이 없는 할례를 해서 피를 보겠다는 남편이 한심하기 짝이 없었다.

그래서 그들은 조국 독립의 사명과 할례문제를 놓고 숙소에서 치열하게 다퉜다. 바로 그때 하나님이 나타나신 것이다. 구약에서는 '여호와'와 '여호와의 사자'가 자주 혼용되어 나타난다(출 3:2, 4 외 다수). 직접적인 폭력 액션이 나오는 것으로 보아 아마 천군 출신의 천사를 보내신 것 같다. 천사는 다짜고짜 모세를 잡아 죽이려고 하였다. 성경에는 안 나오지만 아마 큰 소리로 이렇게 외쳤을 것이다. "이 쪼다 같은 인간아. 하나님께서 너를 잘못 선택하셨단다. 자기 마누라도 못 다스리면서 무슨 민족을 구원하냐. 내 너를 죽이고 다른 사람을 택하여 이 사명을 대신하게 하리라."

만약 그랬다면 이 멘트는 모세보다 그의 아내 들으라고 연출된 것이다. 어쩌면 천사는 은밀히 모세에게 눈을 찡긋 했을지도 모른다. 그러자 십보라의 가치관이 순식간에 바뀌었다. 남편의 목숨이 경각에 달린 것을 보고 모세의 말이 거짓이 아니었음을, 그의 사명이 결코 피할 수 없는 것임을 깨닫게 되었다. 이제 자신과 자식들이 더 이상 미디안 족속이 아니라 이스라엘 백성이 되어야 함을 직감하였다.

결국 십보라는 남편의 뜻에 순종하기로 했다. 그래서 목숨 걸고 말리던 아들의 할례를 자기가 직접 행하여 피가 뚝뚝 떨어지는 포피를 모세의 발 앞에 던진 것이다. 당연히 하나님 보시라고 한 행동이었다. 개역개정성경은 모세의 발에 '갖다 대었다'고 번역했는데 당시의 급박한 상황을 고려하면 개역한글처럼 '던졌다'가 더 어울린다. 이를 뜻하는 히브리어 단어 '나가'는 두 의미가 모두 가능하다. 그 후에 십보라는 이렇게 외쳤다. "당신은 참으로 내게 피 남편이로다"(출 4:25). 이 고백은 이제 당신 뜻을 따라 나와 내 자식이 당신의 백성과 한 핏줄이 되겠다는 고백이다. 그녀도 마침내 남편의 사명에 동참을 결심한 것이다.

'수신제가치국평천하'(修身齊家治國平天下)라는 말이 있다. 40년 동안 미디안의 처가 신세를 지던 모세가 정체성을 회복하여 사명의 길을 떠날 때 가장 중요한 문제는 호렙산에서 하나님께 굴복하는 '수신'이었다. 그다음이 자기 가정을 하나님 앞에 굴복시키는 '제가'였다. 결국 '십보라의 피 남편'(출 4:24-26) 이야기는 '제가'의 경지를 이루어야 할 사명자의 가정 모습을 보여 준 것이다. 사명자와 온 가족이 한마음이 되자 드디어 모세에게 '치국평천하'의 경지가 열리기 시작했다. 디모데전서에 보면 이런 말씀이 나온다.

감독은 … 자기 집을 잘 다스려 자녀들로 모든 공손함으로 복종하게 하는 자라야 할지며 (사람이 자기 집을 다스릴 줄 알지 못하면

어찌 하나님의 교회를 돌보리요) … 집사들은 한 아내의 남편이 되
어 자녀와 자기 집을 잘 다스리는 자일지니(딤전 3:2, 5, 12).

하나님의 일을 한답시고 가정이 화평하지 못한 것은 큰 문제다.
온 가족이 한마음으로 하나님께 헌신하는 것보다 아름다운 행복은
없다. 자신이 헌신되지 않은 상태에서, 또한 가정이 신앙적으로 다
스려지지 않은 상태에서 하나님의 일을 하는 것은 위험하다. 하나님
의 일을 하려는 사람은 모세가 걸어간 사명자의 순서를 이뤄야 한
다. 호렙산에서 신을 벗고 순종하는 훈련, 목숨 걸고 가족들을 신앙
으로 세우는 결단, 하나님은 그렇게 준비된 인물을 지금도 찾고 계
신다.

다윗의 독학 시절

다윗은 어떻게 골리앗을 이겼을까

> 블레셋 사람이 일어나 다윗에게로 마주 가까이 올 때에 다윗이 블레셋 사람을 향하여 빨리 달리며 손을 주머니에 넣어 돌을 가지고 물매로 던져 블레셋 사람의 이마를 치매 돌이 그의 이마에 박히니 땅에 엎드러지니라. 사무엘상 17:48~49

다윗과 골리앗의 결투는 구약성경에서 가장 짜릿한 장면 중 하나다. 소년 다윗이 돌멩이로 키가 여섯 규빗 한 뼘, 그러니까 거의 2미터 90센티나 되는 거대한 장군을 거꾸러뜨린 이야기는 지금도 주일학교 강단을 뜨겁게 달군다. 그런데 때로 이야기의 맛을 살리려고 다윗을 너무 어린 캐릭터로, 심지어 어린이로까지 묘사하는 경우가 있다. 이것은 지나친 과장이다. 골리앗과의 전투 후에 다윗이 사울 왕의 딸 미갈 공주와 바로 결혼한 것으로 보아 이때 다윗은 청소년기를 벗어난 청년에 가까웠을 것이다. 성경도 당시 다윗에 대하여 '나아르'(소년, 삼상 17:55)와 '엘렘'(청년, 삼상 17:56)이라는 표현을 동시에 사용하고 있다.

실제로 다윗은 100년, 아니 1,000년에 한 명 나올까 말까 한 희한한 인재였다. 그는 상상 못할 많은 재주를 지니고 있었다. 보통 여러 재주 있는 사람이 한 가지를 제대로 못한다는 말이 있는데, 다윗은 여기에 해당하지 않는다. 다윗의 능력은 다방면에서 타의 추종을 불허할 만큼 탁월했다. 이제부터 성경에 나타나는 모습 그대로의 다윗을 함께 추적해 보자.

먼저, 다윗은 뛰어난 뮤지션이었다. 지금으로 치면 클래식하게는 바이올린 정도 되고 대중적으로는 기타라고 볼 수 있는 '수금'의 대가였다. 그가 얼마나 수금을 잘 연주했는지 성경은 이렇게 묘사한다. "악령이 사울에게 이를 때에 다윗이 수금을 들고 와서 손으로 탄즉 사울이 상쾌하여 낫고 악령이 그에게서 떠나더라"(삼상 16:23). 그러니까 그의 수금 연주에 귀신이 도망갈 정도였다는 것이다.

인류 역사상 바이올린을 가장 잘 연주한 사람은 1782년에 태어난 파가니니라고 한다. 그가 바이올린을 연주하면 귀신이 나와서 춤을 췄다고 하는데, 다윗의 수금 실력이 파가니니 이상이라는 것은 놀라운 사실이다. 이뿐만 아니라 다윗은 "이스라엘의 노래 잘하는 자"였다(삼하 23:1). 악기를 잘해도 가창력이 부족해서 중심에 못 서는 세션들이 많다. 이 둘을 함께 잘할 때 이른바 넘사벽이 된다. 다윗은 악기연주와 노래 모두 탁월했다.

그뿐만 아니라 다윗은 뛰어난 시인이었다. 지금도 세계가 인정하는 걸작 문학이요 예수님도 자주 인용하셨던 여러 시편의 시들이 그의 작품이다. 뛰어난 통찰력과 사상, 그것을 글로 표현하는 재주가 모두 조화되는 것은 쉽지 않다. 지금 같으면 다윗은 아마 노벨문학상을 받았을 것이다.

하지만 더 놀라운 건 문(文)과 예(藝)에 뛰어난 다윗이 무(武)에도 출중하였다는 것이다. 다윗은 요즘식으로 말하면 도인의 경지에 이른 무술인이었다. 그의 무예가 어느 경지에 이르렀는지 보면 기가 막힌다. 다윗은 이렇게 고백한다. "아버지의 양을 지킬 때에 사자나 곰이 와서 양 떼에서 새끼를 물어 가면 내가 따라가서 그것을 치고 그 입에서 새끼를 건져 내었고 그것이 일어나 나를 해하고자 하면 내가 그 수염을 잡고 그것을 쳐 죽였나이다"(삼상 17:34-35).

이 말씀을 그대로 받아들이면 그의 달리기 실력이 엄청났음을 알 수 있다. 사자는 엄청나게 빠르다. 곰도 미련하다지만 달리면 어마어마한 속도를 낸다. 그런데 다윗은 달려서 이 둘을 따라잡을 만큼 날쌘 다리를 가지고 있었다. 그뿐만 아니라 뛰어가는 사자를 따라가 손으로 수염을 쥐고 때리니 그 주먹에 사자 머리가 깨져 죽었단다. 쇠뿔을 당수로 깨뜨렸던 최영의 선생도 비길 바가 아니다. 비호 같은 순발력에 무쇠 같은 주먹의 소유자가 다윗이었다.

이런 다윗이었기에 사울 왕이 블레셋 사람 일백 명의 목숨을 요구할 때 종 하나만 데리고 적진에 가서 왕이 요구한 수의 두 배인 200명을 죽이고 돌아올 수 있었다(삼상 18:27). 흔히 말하는 17대 1, 아니 자그마치 200대 1의 실제 주인공이었던 것이다. 영화에서 특수촬영이나 CG로 연출하는 히어로의 모습이 다윗은 실제로 거의 가능했던 것 같다. 그만큼 뛰어난 무인이었기에 이스라엘의 날고 긴다는 무술인들이 전부 모여서 다윗을 대장으로 모신 것이다.

그런데 이것이 끝이 아니다. 다윗은 여기에 인품과 지혜까지 겸비했다. 성경은 다윗이 "사울이 보내는 곳마다 가서 지혜롭게 행하매 사울이 그를 군대의 장으로 삼았더니 온 백성이 합당히 여겼고 사울의 신하들도 합당히 여겼더라"(삼상 18:5)고 증언한다. 우리로 치면 갓 스물에 별 네 개를 단 전군 참모총장이 되었는데도 국민들이나 주변 경쟁자들이 낙하산이라고 욕하거나 시기하지 않을 정도로 인품과 지혜가 뛰어났다는 말이다.

이 정도면 부럽다 못해 기가 막힐 지경인데, 다윗은 여기에 중요한 마침표를 찍는다. 어쩌면 지금 시대 사람들이 가장 부러워할 요소를 또 가지고 있었다. 그것은 그가 엄청난 '꽃미남'이었다는 사실이다. 성경은 그가 '젊고 붉고 용모가 아름답다'(삼상 17:42)고 묘사한다. '아름다웠다'는 표현은 아가서에서 주로 "어여쁜 자"(아 1:8, 2:10)라고 표현되는 히브리어 '야페'를 번역한 것인데, 이는 최고의 미인에게 붙이는 표현이다.

빨간 머리의 다윗은 남자였음에도 핸섬을 넘어 뷰티풀이라는 수식이 붙을 정도로 미남이었다. 그래서 다윗이 골리앗을 죽였을 때 모든 것을 갖춘 완벽한 미남 스타의 출현에 "여인들이 이스라엘 모든 성읍에서 나와서 … 뛰놀며 노래하여 이르되 사울이 죽인 자는 천천이요 다윗은 만만이로다"(삼상 18:6-7)라며 열광한 것이다.

도대체 어떻게 한 인간에게 이런 많은 능력이 한꺼번에 주어질 수 있을까? 하나님 마음이니 할 수 없다. 하지만 이 시점에서 우리는 한 가지 질문을 던질 수 있다. 과연 다윗은 그 모든 능력을 날 때부터 저절로 지니고 태어난 것일까? 그는 젖을 떼자마자 "엄마, 수금 줘 봐요" 하고는 멋지게 연주하고 붓을 들고 아름다운 시들을 좍좍 써 내려갔을까?

절대 그럴 리 없다. 얼굴이 잘생긴 것은 타고나지만 다른 것에는 무수한 연습이 필요하다. 악기를 프로처럼 다루려면 정말 오랜 레슨과 연습이 필요하다. 글을 쓰는 것도 오랜 공부와 습작이 필요하고, 제대로 된 원고를 완성하려면 거의 죽었다 깨어나는 과정을 겪어야 한다. 무술의 고수가 되기란 더 말할 것도 없고 칭찬받는 지혜와 인품을 갖추는 것도 마찬가지다. 처음부터 천재성을 타고났다고 해도 그것을 제대로 발휘하기까지 엄청난 노력이 필요하다. 오죽 했으면 베토벤조차 어린 시절 가장 하기 싫었던 것이 아버지의 혹독한 피아노 수업이었다고 했을까? 다윗에게도 분명 피땀 어린 노력이 있었을 것이다.

그렇다면 그가 언제 이런 훈련기간을 가졌을까? 성경은 이 시기를 "아버지의 양을 지킬 때"(삼상 17:34)라고 말한다. 이스라엘에 알려지기 전 양치기로 있을 때, 그는 이미 사자와 곰을 때려잡는 능력을 가지고 있었다. 그러니까 그의 물맷돌과 무술 실력은 골리앗을 죽일 때 하늘에서 뚝 떨어진 것이 아니라는 말이다. 이 실력들은 모두 어린 시절부터 광야에서 홀로 양을 칠 때 혼자서 혹독하게 노력한 과정을 통해 주어진 것이었다.

다윗의 아버지 이새는 아들 부자였다. 그에게는 여덟 명의 아들이 있었는데 다윗은 막내였다. 일곱 딸 중 막내아들이면 몰라도, 일곱 아들이 있는데 또 태어난 여덟 번째 아들은 집안의 천덕꾸러기였다. 사무엘상 17장 28절에서 맏형이 전쟁터에 심부름 온 막내 다윗을 무시하고 야단치는 장면을 보면 그것을 엿볼 수 있다. 그래서 그는 어릴 적부터 밖에서 양이나 치고 살았다. 사무엘이 이새의 아들들을 찾아왔을 때도 그는 그 자리에 끼지 못하고 밖에서 양을 지키고 있었다(삼상 16:11). 사무엘이 아들들을 몽땅 다 데려오라 했는데도 말이다(삼상 16:5).

어떤 다큐멘터리를 보니 열 살밖에 안 되는 중동지역 어린이 혼자 300마리가 넘는 양들을 광야에서 치고 있었다. 다윗 또한 이 어린이처럼 매우 어린 시절부터 홀로 양치기 생활을 했을 것이다. 이 외로운 시간을 다윗은 허투루 보내지 않았다. 골리앗을 죽이기까지 넉넉잡아 10여 년 정도의 시간 동안, 홀로 피나는 수련을 해온 것이다. 아마 그만의 시간표가 따로 있었을 것 같다. 새벽같이 양을 몰고 나가서 양들이 풀 뜯는 사이 책을 읽고 글을 쓰며 체력단련을 하고, 오후에는 물맷돌 던지는 연습과 악보 보기, 수금 연주 등등. 아무도 없는 광야에서 그는 자신을 채찍질하며 고독한 시간을 훈련으로 채웠다.

이것은 하나님께서 "내가 내 종 다윗을 **찾아내어** 나의 거룩한 기름을 그에게 부었도다"(시 89:20)라는 말씀에서 유추할 수 있다. 또 "내가 이새의 아들 다윗을 만나니 내 마음에 맞는 사람이라. 내 뜻을 다 이루리라"(행 13:22)는 말씀도 나온다. 언젠가 역사의 주역이 되기 위해 광야에서 자신을 단련하는 한 양치기 꼬마를 하나님은 주목하셨다. 아이가 자라 소년이 되고 청년이 되면서도 그 결심과 노력이 흔들리지 않는 것을 보고 감동하셨다. 그래서 하나님은 역사에 유례 없는 작품을 하나 만드신 것이다. 그의 피나는 노력에 영감과 천재성을 콸콸 부으셔서 전대미문의 인물을 탄생시키셨다.

때때로 다윗은 자기의 뛰어난 능력을 남에게 말하고 싶어 하기도했던 것 같다. 다윗의 맏형 엘리압이 전쟁터에 심부름 온 다윗을 보고 "나는 네 교만과 네 마음의 완악함을" 안다(삼상 17:28)고 불같이 화를 낸 것을 보면 그가 사자나 곰을 때려잡았다는 말을 했을 때 가족들은 이를 안 믿었고 교만한 허풍 정도로 생각했던 것 같다.

하지만 미래를 준비하던 다윗의 소문은 조금씩 이스라엘에 퍼져 나갔다. 다윗이 골리앗을 죽이기 전 이미 사울 왕의 부하 중 하나가 "내가 베들레헴 사람 이새의 아들을 본즉 수금을 탈 줄 알고 용기와 무용과 구변이 있는 준수한 자라. 여호와께서 그와 함께 계시더이다"(삼상 16:18)라고 보고하는 장면이 그 증거다. 왕의 첩보원쯤 되었을 그 부하는 우연히 베들레헴 광야에서 홀로 자신을 닦는 다윗을 보고 그 진면목을 간파하여 왕에게 보고했다. 바야흐로 다윗의 능력이 발휘될 시기가 다가오기 시작한 것이다.

이런 다윗에게 골리앗과의 결투는 일종의 데뷔 무대였다. 겉보기에는 골리앗이 우세해 보였을지 몰라도 사람을 잘못 만난 것은 다윗이 아니라 골리앗이었다. 그는 이 순간을 위해 오래오래 칼을 갈아 왔다. 그가 던진 물맷돌이 골리앗의 이마에 정확히 박힌 것은 순간적인 믿음과 기도의 힘이 아니라 양치기 시절부터 이스라엘의 수호자가 되기를 소망하며 10미터, 15미터 과녁을 옮겨 가며 피나게 물매질을 연습한 결과였고, 거기에 하나님이 가속도를 실어 주신 것이다.

이 땅에 준비 없는 성과는 없다. 우리는 믿음이 너무 좋아서 갑자기 불같은 능력을 얻고 갑자기 기적이 일어나기를 소망한다. 하지만 성경에서 그런 능력을 가진 인물은 찾기 힘들다. 홍해를 가른 모세도 40년의 뼈아픈 광야 시절이 있었고, 세례 요한도 소년 시절 제사장 가문을 떠나 홀로 광야에서 수련하던 시기가 있었다. 하물며 우리 예수님도 30세까지 집에서 준비하셨고 광야에서 40일간 피눈물의 금식기도를 하셨다.

남들이 나를 알아주지 않는다고 불평하기 전에, 고독 속에서 자신을 절제하고 준비하는 사람이 하나님의 기회를 얻는다. 하나님은 지금도 미래에 쓰임받으려고 홀로 광야에서 자기를 닦는 인재를 찾고 계신다. 만약 누군가 하나님이 감탄하실 만큼 힘써 자신을 닦는다면 그 노력에 하나님의 능력이 임하여 다윗 같은 인물로 쓰임받을 수 있을 것이다.

사무엘 귀신

사무엘 귀신이 진짜 나타났을까

> 여인이 이르되 내가 누구를 네게로 불러 올리랴 하니 사울이 이르되 사무엘을 불러 올리라 하는지라. … 네가 무엇을 보았느냐 하니 여인이 사울에게 이르되 내가 영이 땅에서 올라오는 것을 보았나이다 하는지라. 사무엘상 28:11, 13

1970년대만 해도 집에서 굿하는 사람이 많았다. 늦은 오후면 동네 곳곳에서 푸닥거리 꽹과리 소리가 자주 들렸다. 그러던 어느 날, 주일학교 선생님께 이런 이야기를 들었다. 무당이 굿판에서 신접하려고 애를 쓰는데 안 되니까 구경꾼들을 향해 "혹시 여기 예수쟁이 있어?"라고 물었다는 것이다. 그때 한 성도가 손을 들었고 무당은 저 사람 때문에 귀신이 못 온다고 굿을 접었다고 했다. 뭔가 통쾌함을 느낀 나는, 어느 날 굿판이 열린 동네 집 마당에 들어가 사람들 틈에 끼었다. 하지만 무당은 전혀 나를 의식하지 않았고 신나게 굿을 잘 이어 갔다. 속으로 많이 실망했고 내 믿음이 별로인가 하는 두려움도 느꼈다.

성경에도 무당 이야기가 나온다. 사울이 신접한 여인을 찾아가 죽은 사무엘을 만나는 장면이다. 사울과 죽은 사무엘의 대화가 나오기 때문에 사람들은 죽은 사람이 정말로 나타난 것으로 얼핏 생각하는 경향이 있다. 하지만 그런 사상은 성경에 없다. 죽은 사람이 이른바 귀신 형태로 나타나 산 사람과 접촉하는 모습은 이 본문 외에 성경 어디에서도 찾아볼 수 없다(혹자는 신약에 많은 귀신이 나오지 않느냐 하는데 그것은 아래에서 설명하겠다). 그러면 이 사건은 어떻게 된 일일까? 이제부터 찬찬히 살펴보자.

생전에 사무엘의 속을 무척 썩였던 사울은 그가 죽자 나름 정신을 차리려 했다. 사무엘의 장례가 끝나자 그는 "신접한 자와 박수"를 그 땅에서 쫓아내었다(삼상 28:3). "신접한 자"(오브)와 "박수"(이데오니)라는 표현은 구약에 거의 쌍을 이루며 나타나는데(레 19:31, 20:6, 27; 신 18:11) 둘 다 죽은 자와 접촉하는 신접 무당을 가리킨다. 요즘 젊은 이들에게 익숙한 영어 단어로 '네크로맨서'다. 여기서 한 가지 짚고 갈 것이 있다. 우리말에서 '박수'는 '남자 무당'을 가리키지만 성경에 서는 남성만을 가리키지 않는다. 사울이 만난 무당은 신접한 여인이 었다. 아마 명사 자체의 성이 남성이라서 박수라고 번역한 것 같다.

지금도 우리 주변에 무속인들이 넘친다. 한국에 최소 50만 명이 있고 그 안에 도는 돈만 일 년에 5조 원이 넘는다고 한다. 심지어 무당이 되기 위한 학원까지 성행하고 있다. 여기에 타로점이니 핼러윈 이니 하는 서양풍 미신까지 합치면 오히려 과거보다 무속이 더 늘었다고 볼 수 있다. 이런 상황에서 크리스천들이 꼭 알아야 할 것이 있다. 모든 샤머니즘은 하나님께 가증한 것이고 가나안 백성이 망한 것도 무속 신앙 때문이었다는 사실이다(레 20:6, 23). 믿는 자는 결코 무속적인 것에 흥미를 가져서는 안 된다.

사울도 그것을 알고 있었다. 그래서 사무엘이 죽자 겁이 나서 하나님께 잘 보여야겠다고 생각한 것이다. 하지만 신접한 자와 무당들을 내쫓자 곧이어 블레셋이 쳐들어왔다. 사울은 급박한 마음으로 하나님께 기도를 드렸다. 나름 기특한 일을 했기에 좋은 응답이 있을 거라고 기대했을 것이다. 하지만 아무 응답이 없었다. 하나님은 사울의 결단을 테스트 중이셨다. 이럴 때는 더 힘을 다해 자신을 증명해야 한다. 하지만 금세 못 견디고 세상적인 방법을 찾아 헤매는 이들이 많다.

사울이 그랬다. 그는 기도 한 번에 즉각 응답이 없자 신하들에게 명령한다. "나를 위하여 신접한 여인을 찾으라"(삼상 28:7). 이 말은 그가 평소 무당에게 자주 의존했었음을 보여 준다. 답답한 순간 머리에 탁 떠오른 것이 무당이었다. 그들을 굳이 내쫓은 것은 이런 사술이 큰 죄임을 사무엘에게 배웠기 때문이었다(삼상 15:23). 하지만 개가 그 토한 곳으로 돌아가듯 사울은 내쫓은 무당을 다시 찾음으로 자신의 결단이 거짓됨을 증명하고 말았다. 그렇게 사울은 엔돌의 한 신접한 여인을 찾아갔다. 그리고 무당에게 "사무엘을 불러 올리라"(삼상 28:11)고 했고 이후로 죽은 사무엘과 접촉하는 장면이 이어진다.

여기서부터 정신을 차려야 한다. 사울과 죽은 사무엘이 대화하는 것처럼 보이지만 실상은 그렇지 않다. 본문을 잘 보면 사울은 사무엘을 자기 눈으로 직접 보지 못한다. 오직 그 신접한 여인만 사무엘을 보았다고 나온다(삼상 28:12). 사울은 여인에게 "네가 무엇을 보았느냐 … 그의 모양이 어떠하냐"(삼상 28:13-14)고 묻기만 한다. 그러자 여인은 "영이 땅에서 올라오는 것을 보았나이다. … 한 노인이 올라오는데 그가 겉옷을 입었나이다"(삼상 28:13-14)라고 대답했다.

굉장히 익숙한 장면 아닌가? 오늘날 무당들이 굿을 하면서 보여주는 행태와 거의 같다. 죽은 아들이 왔네, 시아버지 귀신이 오셨네 하면서 무당들은 죽은 자의 목소리를 흉내 내고 산 자와 대화를 한다. 엔돌의 무당도 같은 양상이다. 거기 있는 누구도 사무엘을 보지 못했고 보았다고 하는 이는 그녀뿐이다. 따라서 "사울이 그가 사무엘인 줄 알고" 절을 했다(삼상 28:14)는 표현은 그를 보고 안 것이 아니라 그저 무당의 말을 믿고 받아들였다는 뜻이다. 심지어 그는 사무엘 쪽을 향해 절하지 않고 단지 "그의 얼굴을 땅에 대고" 절하였다(삼상 28:14). 그 이유는 간단하다. 사무엘의 영이 '땅'에서 올라왔다고 무당에게 들었기 때문이다.

사울은 대화가 종료될 때까지 그 자세를 계속 유지했다. 그러다 막판에 "사울이 갑자기 땅에 완전히 엎드러"졌다(삼상 28:20). 즉, 무당은 사무엘의 영이 '땅'(에레츠)에서 올라왔다고 했고 사울은 '땅'(에레츠)에 얼굴을 대고 절한 상태에서 대화를 이어 가다가 결국 쓰러져 '땅'(에레츠)에 완전히 밀착되었다. 이 순서를 따르면 그는 사무엘과의 대화 중 한 번도 얼굴을 들지 않았다. 얼굴을 땅에 댄 상태로 있다가 결국 땅바닥에 쓰러졌다. 그가 쓰러진 이유는 두려움과 동시에 "그의 기력이 다하였"기 때문이라고 나온다(삼상 28:20). 이것은 사울이 원산폭격 같은 힘든 자세로 계속 있었음을 증명한다.

다시 말하지만 성경에는 사울이 실제로 사무엘을 보았다는 기록이 없다. 애초에 사울 자신도 그것을 기대한 것 같지는 않다. 목소리만 들었고, 어쩌면 그것으로 이 행사는 충분해 보인다. 그러면 여기 등장하는 사무엘의 말은 누구의 것인가? 당연히 신접한 여인의 입에서 나온 소리였다. 오늘날 무당들이 아기 목소리, 시어머니 목소리를 흉내 내며 산 자와 대화하는 것과 같은 양상이다. 따라서 본문에 등장하는 사무엘의 대사는 진짜 사무엘이 아니라 무당이 사무엘을 빙자하여 지껄인 말일 뿐이다.

생각해 보라. 사무엘이 왜 땅에서 올라오는가? 땅은 지옥(地獄)을 의미한다. 사무엘은 모세와 다윗과 비견되는 하나님의 종이었다(시 99:6; 히 11:32). 그런데 그의 영이 땅에서 올라오는 것이 성경적인가? 무당의 입에 발린 접신용 멘트일 뿐이다. 물론 어떤 이는 사울에게 한 사무엘의 말들이 옳으니까 진짜 사무엘이 아닐까 의심할 수 있다. 실제로 죽은 사무엘은 사울에게 "여호와께서 너를 떠나 네 대적이 되셨"다고 말했다(삼상 28:6)이라고 말했다. 하지만 이 말은 사무엘이 살아 있을 때 이미 발표한 내용이다. 사무엘은 죄를 지은 사울에게 "여호와께서도 왕을 버려 왕이 되지 못하게 하셨나이다"(삼상 15:23, 26)라고 예언했다. 이후로 온 이스라엘은 사울이 하나님께 버림받았고 언젠가 망할 것을 잘 알고 있었다.

여기서 우리는 무당이라는 직업의 정체를 알아볼 필요가 있다. 우리나라에는 타의 추종을 불허하는 무속 전문가가 있다. 2009년에 타계한 경희대학교 서정범 교수는 일생 수천 명의 무당들을 만나고 연구했다. 그의 결론은 이렇다. 무당들은 실제로 귀신을 보거나 만나지 않는다. 원시시대부터 있던 인간의 생존 본능 중 타인의 정보를 읽는 능력이 남달리 발달한 사람들이다. 그래서 누군가와의 만남을 통해 그들의 과거 이력을 놀랍도록 잘 읽어 낸다. 이 능력이 과하게 발달하면 주변인은 물론 자신도 실제로 어떤 것을 본다고 착각하게 된다는 것이다.

지금 사울이 만나고 있는 엔돌의 무당도 마찬가지다. 그녀는 의뢰자가 사울임을 깨달은 순간, 그와 사무엘 사이의 정보를 최대한 종합하여 답하는 중이다. 학습무나 세습무 수준이면 스스로도 연기인 것을 알겠지만, 이른바 강신무쯤 되면 자신이 실제로 사무엘의 말을 전한다고 착각했을 것이다. 그래서 그녀의 말 속에 언뜻 그럴듯한 부분이 있다. 특히 "여호와께서 이스라엘을 너와 함께 블레셋 사람들의 손에 넘기시리니 내일 너와 네 아들들이 나와 함께 있으리라"(삼상 28:19)는 말은 꽤 예리해 보인다.

하지만 결국 이 예언은 틀렸다. 사울과 그의 아들들이 블레셋 전투에서 죽은 것은 맞다. 하지만 이것은 무당의 본능으로 예견한 일이었다. 아이러니하게도 당시 블레셋 군대에 다윗이 끼어 있었기 때문이다. 다윗은 블레셋 가드 왕 아기스를 속이고 그를 섬기는 척하고 있었다. 심지어 이번 전투를 위해 블레셋 군대에 합류해서 수넴 진지까지 동행했다(삼상 28:1-2, 4). 이 소식은 당연히 인근의 엔돌까지 퍼졌을 것이고, 무당은 이 정보를 알게 된 순간 이번 전투가 사울에게 마지막이 될 것으로 예상했던 것이다. 사울이 끝내 다윗에게 망할 것은 온 이스라엘에 파다한 소문이었으니 말이다.

하지만 무당이 신명이 올라 사울에게 "여호와께서 이스라엘을 너와 함께 블레셋 사람들의 손에 넘기"신다고 한 예언(삼상 28:19)은 완전히 빗나갔다. 사울이 죽은 후에도 그의 남은 아들 이스보셋이 왕위를 이어받았고, 이스라엘은 "사울의 집과 다윗의 집 사이에 전쟁이 오래" 지속되는(삼하 3:1) 내전 상태에 들어갔을 뿐 절대 블레셋에게 먹히지 않았다. 아마 무당은 다윗이 블레셋 편에 붙었으므로 다윗의 승리로 인해 블레셋이 이스라엘 전체를 차지하리라고 예상했던 것 같다.

또한 무당은 그 밤에 사울이 돌아간 후 다음 날 곧장 전쟁이 시작될 것으로 예상했다. 그래서 사울이 내일 죽을 거라고 했지만 실제 전투가 시작된 것은 이틀 뒤였다. 사울이 무당을 찾은 날은, 블레셋이 수넴에 이스라엘은 길보아에 진 친 상태였다(삼상 28:4). 그다음 날 양군은 충돌하지 않고 각각 진지만 이동했다. 블레셋은 아벡에 남고, 이스라엘은 이스르엘로 진을 옮겼다(삼상 29:1). 이때 다윗은 블레셋 신하들의 의심 때문에 다음 날 새벽에 블레셋 진을 떠났다. 그 후에 전쟁이 벌어졌으니 무당의 말과 달리 이틀 뒤다. 혹자는 이스라엘식 날짜 개념을 도입해야 한다고 할지 모르겠으나, 사무엘서의 오늘과 내일 개념은 지금 우리식으로 일출 중심의 개념이다(삼상 9:19, 19:11; 삼하 11:12-13 등 참조).

무엇보다 신접한 여인은 죽은 사무엘을 빙자하여 사울에게 "너와 네 아들들이 나와 함께 있으리라"(삼상 28:19)고 말했다. 이것은 더더욱 말이 안 된다. 처음에 여인은 사무엘이 땅에서 올라왔다고 했다(삼상 28:13). 우리 정서로 생각하면 사무엘이 무덤에서 나왔다는 말처럼 들리지만 그렇지 않다. 본래 이스라엘 무덤은 땅속이 아니라 지상의 바위굴이다. 그러니 결국 여인은 사무엘이 지옥에서 나왔다고 말한 것이다.

어떤 이는 구약에 천국이나 지옥 개념이 잘 안 나타난다고 할지 모르나 우리는 성경 전체를 통합적으로 생각해야 한다. 의로운 사무엘이 땅속에서 나온 것도 말이 안 되지만 그가 하나님께 버림받은 사울과 땅 밑 어두운 곳에 함께 있을 것이라는 이야기는 더더욱 말이 안 된다. 결국 이 저주의 말들은 무당의 무의식에서 나온 것이다. 사실 그녀에게는 사무엘도 사울도 다 원수였다. 우상과 사술을 엄격히 금지했던 사무엘은 자기들의 영업을 방해한 주범이었고, 사울은 방금 전에 자신들을 추방한 존재이기 때문이다.

결론적으로 사울은 죽은 사무엘을 만난 적이 없다. 다시 말해 죽은 사무엘이 귀신이 되어 이 땅에 나타난 적은 결코 없었다. 그저 무당이 무당 짓을 한 것뿐이다. 산 자는 이 땅에서 절대 죽은 자를 만나지 못한다. 그럼에도 이런 해괴한 방법으로 문제를 해결하려는 인간의 욕심이 문제다. 이 모두는 하나님 앞에 가증한 일이다. 따라서 엔돌의 신접한 여인 이야기는 사울의 수많은 범죄 중에 또 한 가지 목록이 추가되었음을 보여 주는 것일 뿐이다.

그러면 혹자는 물을 것이다. 성경에 나오는 수많은 귀신들은 다 무엇이냐고 말이다. 이 질문은 한국적인 정서에서 나온 것이다. 귀신이라는 단어를 주로 죽은 자의 영에 붙이기 때문이다. 결론부터 말하면 성경의 귀신과 죽은 자의 영은 아무 상관이 없다. 이것은 순전히 성경번역의 문제다. 개역개정성경 기준으로 구약에는 '귀신'이라는 표현이 두 번 나온다(신 32:17; 슥 13:2). 이 중 신명기의 '귀신'은 히브리어로 '쉐드'인데, 본래의 뜻은 '데몬' 즉 '악령'이다. 이 '쉐드'는 시편에 한 번 더 나오며 "악귀"(시 106:37)로 번역되어 있다. 또한 스가랴서의 '귀신'은 '루아흐 하투마'인데 직역하면 '더러운 영'이라는 뜻이다.

개역개정성경 기준으로 신약의 '귀신'은 주로 헬라어 '다이모니온'을 번역한 것으로, 동사형인 '다이모니조마이'까지 합하면 총 76번 나온다. 보다시피 영어 '데몬'의 어원으로 '악령'을 의미한다. 또 다른 표현이 있는데 바로 '더러운 귀신'이다. 총 21번 등장한다. 이 것은 '프뉴마 아카타르토스'를 번역한 것으로, 직역하면 '더러운 영'이다. 즉, 구약의 '루아흐 하투마'와 같은 표현이다. 이것은 '성령', 즉 '정결한 영'(프뉴마 하기오스)과 정확히 반대되는 말이다.

결국 우리말 성경에서 '영'('프뉴마'와 '루아흐')이라는 단어를 '귀신'으로 번역한 것이 문제의 근원이다. 무지한 이들이 이를 죽은 자와 연관시키기 때문이다. 하지만 '데몬'이나 '더러운 영'은 죽은 자와 아무 상관이 없고 궁극적으로 사탄의 졸개들을 의미한다. 바리새인들이 예수님께 "귀신[데몬]의 왕 바알세불을 힘입지 않고는 귀신[데몬]을 쫓아내지 못하느니라"(마 12:24)고 했을 때, 주님은 "사탄이 사탄을 쫓아내면 스스로 분쟁하는 것"(마 12:26)이라고 말씀하셨다. 여기서 데몬은 곧 사탄 종류라는 것이 밝혀진다.

하지만 이 번역 때문에 한국 교회는 큰 고통을 치르고 있다. 귀신과 직결된 이단들이 무수히 생겨났기 때문이다. 이른바 귀신론의 대가들이 성경의 악령을 죽은 자의 영과 동일시하여 거대 집단을 이루고, 공개적인 축귀 쇼를 통해 부와 명예를 누리고 있다. 참으로 안타까운 일이다. 이 모든 배경에는 인간 속에 감춰진 사울의 죄성이 있다. 성경은 사울의 죽음에 대해 최종적으로 이렇게 발표한다.

그가 여호와의 말씀을 지키지 아니하고 또 **신접한 자에게 가르치기를 청하고 여호와께 묻지 아니하였으므로** 여호와께서 그를 죽이시고 그 나라를 이새의 아들 다윗에게 넘겨주셨더라(대상 10:13-14).

여기서 모든 것이 드러난다. 사울에게 말한 것은 죽은 사무엘이 아니었다. 성경은 사울이 결국 '신접한 무당'에게 가르침을 받은 것이라고 말한다. 무당의 사술에 빠진 사울은 그녀에게 자기 운명을 맡긴 것이다. 이어서 나오는 "여호와께 묻지 아니하였으므로"는 그가 좀 더 하나님께 매달렸으면 어떤 희망이 있었음을 보여 준다. 그러니까 하나님의 첫 침묵은 사울에게 주신 테스트요 기회였다는 것이다. 하지만 그는 잠시를 못 참고 신접한 무당을 의지하다가 끝내 멸망했다.

한국 교회 교인들 중에 사울과 같이 점집과 무당을 찾는 사람이 많다는 소문이 있다. 성도는 절대 이런 일에 관심을 두면 안 된다. 토정비결이니 주역이니 올해의 운세니 궁합이니 하는 것도 관심을 가져서는 안 된다. 모두 하나님 앞에 가증한 일이다. 나의 염려를 그저 하나님께 맡기고 열심히 살자. 사업이 잘되어도 감사, 못되어도 감사, 건강해도 감사, 병들어도 감사, 합격해도 감사, 낙방해도 감사, 살아도 감사, 죽어도 감사하며 살자. 우리는 다 100년 안에 하나님 앞에 설 존재들이다. 바울의 진실한 고백을 배우자. "우리가 살아도 주를 위하여 살고 죽어도 주를 위하여 죽나니 그러므로 사나 죽으나 우리가 주의 것이로다"(롬 14:8). 곁눈질하지 말고 하나님만 바라보자.

짝 찾기 성경해석

성경 말씀에는 서로 짝이 있을까

> 너희는 여호와의 책에서 찾아 읽어 보라. 이것들 가운데서 빠진
> 것이 하나도 없고 제 짝이 없는 것이 없으리니 이는 여호와의 입
> 이 이를 명령하셨고 그의 영이 이것들을 모으셨음이라.
>
> 이사야 34:16

오래전에 서울의 한 이단교회 예배당에서 그들의 지도자와 마주앉
아 일대일로 성경 논쟁을 벌인 적이 있다. 그곳 교인들이 지켜보는
가운데 3시간 가까이 지속된 싸움에서 깨달은 것은 국문 해독 능력
이 결여된 사람들이 그 이단을 만들었다는 사실이다. 그들은 성경을
볼 때 별로 안 중요한 단어에 집착했고 진짜 필요한 문장과 문맥은
가볍게 무시했다.

예를 들어 "그러므로 너희는 가서 모든 민족을 제자로 삼아 아버
지와 아들과 성령의 이름으로 세례를 베풀고"(마 28:19)라는 구절을
읽을 때, 핵심 결론인 '모든 민족을 제자 삼으라'는 내용은 무시하
고 엉뚱하게 '이름'이라는 단어에 주목했다. 그런 다음 성경에 아버
지의 이름은 '여호와', 아들의 이름은 '예수'라고 나오지만 성령의

이름은 없는데 그것이 바로 자기들의 교주라고 자랑스럽게 말했다. 그런데 그 교주는 1985년 2월 25일 67세의 나이로 이미 죽은 상태였다.

특히 이들은 성경을 해석할 때 반드시 성경 안에서 짝을 찾아야 함을 강조했다. 위에서 말한 아버지와 아들과 성령의 이름 연결도 일종의 짝 찾기 해석이다. 나중에 보니 그 교주가 살아생전 이런 해석을 강조했다고 한다. 문제는 정통교회 안에도 이런 '짝 찾기식 해석'을 옳다고 믿는 사람이(심지어 목회자도) 많다는 것이다. 그중에는 좀 고차원적으로 성경 원어를 들먹이며 한 단어의 여러 사전적 의미 가운데 자기 의도에 맞는 뜻을 골라서 다른 구절과 연결시키는 방식의 짝 찾기도 시도한다. 이런 분들의 설교를 들으면 히브리어와 헬라어가 마치 비밀을 품은 암호처럼 느껴진다. 하지만 성경의 언어는 지금도 그리스와 이스라엘에서 사용하는 실제 언어다.

여하튼 이단이든 정통이든, 이런 짝 찾기 해석을 하는 사람들이 내세우는 근거는 이사야 34장 16절이다. 이 구절을 표면적으로 읽으면 당연히 여호와의 책에 짝이 있는 것처럼 느껴진다. 그래서 많은 이들이 자신 있게 이 본문을 근거로 짝 찾기 해석을 주장한다. 물론 뜻있는 분들이 이 본문에 대한 오해를 계속 지적해 왔다. 하지만 목회현장에는 여전히 성경에 짝이 있다는 편견이 만연하다. 간혹 주목받는 설교자들의 입에서조차 짝 찾기 이론이 나오는 것을 보면 모골이 송연해진다. 이 사상이 위험한 것은 다른 구절을 풀어 가는 해석의 열쇠 혹은 성경이해의 기본원리로 인식되기 때문이다.

결론부터 말하면 성경에는 짝 찾기식 해석에 대한 가르침이 없다.

물론 갈라디아서에 보면 사도 바울이 사라와 하갈을 두 언약으로 보고 하갈은 시내산의 율법을 상징한다는 식의 해석이 나오기는 한다. 이런 해석은 짝 찾기가 아니라 바울이 밝힌 대로 비유다(갈 4:24). 비유는 짝 찾기와 다르다. 짝 찾기는 두 개념을 억지로 연결하여 자신이 의도한 다음 구절로 이끌어 간다(물론 비유도 이런 식으로 이끌고 가는 이단들이 있긴 하다). 하지만 비유는 일종의 예화로서 듣는 이들의 이해를 돕기 위한 것이다.

이쯤해서 누군가는 물을 것이다. 그러면 이사야 34장 16절은 어떻게 된 것이냐고, 이렇게 정확한 하나님의 말씀이 있는데 당신은 왜 말씀을 부인하느냐고 말이다. 이 질문 자체가 이 본문을 잘못 읽은 증거다. 이사야 34장 16절과 더불어 15-18절까지 다시 읽어 보자.

15 부엉이가 거기에 깃들이고 알을 낳아 까서 그 그늘에 모으며 솔개들도 각각 제 짝과 함께 거기에 모이리라. 16 너희는 여호와의 책에서 찾아 읽어 보라. **이것들** 가운데서 빠진 것이 하나도 없고 제 짝이 없는 것이 없으리니 이는 여호와의 입이 이를 명령하셨고 그의 영이 **이것들**을 모으셨음이라. 17 여호와께서 **그것들**을 위하여 제비를 뽑으시며 그의 손으로 줄을 띠어 그 땅을 **그것들**에게 나누어 주셨으니 **그들**이 영원히 차지하며 대대로 거기에 살리라.

길게 설명하기 전에 강조한 부분들을 중심으로 읽어 보기를 바란다. 그리고 아래의 문제를 한 번 풀어 보시라.

문제: 16절에 두 번 등장하는, 빠진 것이 하나도 없고 제 짝이 없는 것이 없는, 여호와의 입이 명령하고 그의 영이 모으신 **이것들**, 즉 17 절에서 하나님이 그 땅을 나누어 주셔서 대대로 거기를 차지하고 살 예정인 **그것들**은 과연 무엇일까요? 다음에서 골라 보십시오.

① 여호와의 책　　② 부엉이와 솔개

16절만 읽으면 답은 ①번 '여호와의 책'인 것처럼 보인다. 그래서 많은 사람들이 여호와의 책인 성경에는 빠진 것이 없고 반드시 짝이 있다고 생각한다. 하지만 전체를 읽어 보면 **이것들**은 여호와의 책이 아니라 그 앞에 나온 ②번 '부엉이와 솔개'들을 가리킨다. 본문과 직결되는 8절부터 읽어 보면 단번에 명확해진다. 각 절을 줄여 필요한 부분만 연결했으니 통째로 훑어보시라.

8 이것은 여호와께서 보복하시는 날이요 … **9** 그 땅은 불붙는 역청이 되며 **10** … 세세에 황무하여 그리로 지날 자가 영영히 없겠고 **11** 당아새와 고슴도치가 그 땅을 차지하며 부엉이와 까마귀가 거기에 살 것이라 … **12** 그들이 국가를 이으려 하여 귀인들을 부르되 아무도 없겠고 … **13** 그 궁궐에는 가시나무가 나며 … 승냥이의 굴과 타조의 처소가 될 것이니 **14** … 올빼미가 거기에 살면서 쉬는 처소로 삼으며 **15** 부엉이가 거기에 깃들이고 알을 낳아 까서 그 그늘에 모으며 솔개들도 각각 제 짝과 함께 거기에 모이리라. **16** 너희는 여호와의 책에서 찾아 읽어 보라. 이것들 가운데서 빠진 것이 하나도 없고 제 짝이 없는 것이 없으리니 이는 여호와의 입이 이를 명령하셨

고 그의 영이 이것들을 모으셨음이라. 17 여호와께서 그것들을 위하여 제비를 뽑으시며 그의 손으로 줄을 띠어 그 땅을 그것들에게 나누어 주셨으니 그들이 영원히 차지하며 대대로 거기에 살리라.

성경에 짝이 있는 것처럼 오해해 온 이 본문은 전혀 다른 의미를 갖고 있다. 황폐해진 땅에 짐승들만 우글거릴 것이라는 예언이다. 그런데 엉뚱하게 이것이 성경에 짝이 있다는 뜻으로 해석되어 그릇된 성경해석을 낳는 주범이 되어 온 것은 참으로 웃픈 일이다. 동시에 우리가 얼마나 성경을 소홀히 읽고 있는지 보여 주는 증거다.

아직 못 믿겠다 싶은 분들은 개역한글성경이나 개역개정성경 외에 다른 번역본을 보면 확실히 알 수 있을 것이다. 새번역성경에는 이 오해를 종식시키려고 특히 노력한 흔적이 보인다.

주님의 책을 자세히 읽어 보아라. 이 짐승들 가운데서 어느 것 하나 빠지는 것이 없겠고, 하나도 그 짝이 없는 짐승은 없을 것이다. 주님께서 친히 입을 열어 그렇게 되라고 명하셨고 주님의 영이 친히 그 짐승들을 모으실 것이기 때문이다. 주님께서 친히 그 짐승들에게 땅을 나누어 주시고, 손수 줄을 그어서 그렇게 나누어 주실 것이니, 그 짐승들이 영원히 그 땅을 차지할 것이며, 세세토록 거기에서 살 것이다(사 34:16-17, 새번역).

우리 주위에는 기독교 안티를 자칭하는 세력들이 많다. 이들은 기독교를 욕하려고 나름 성경을 열심히 연구한다. 그래서 성경과 성경

배경에 대한 지식이 생각보다 많다. 이런 자들에게 자칫 이 구절을 들이대고 성경에 짝이 있다고 주장하면 낭패를 보게 된다. 이 구절을 잘못 해석해 온 우리의 모순을 잘 알기 때문이다.

이제부터 우리는 더 성실하고 진지하게 성경을 공부해야 한다. 간혹 성경을 학문처럼 깊이 연구하는 것이 마귀의 일이라고 주장하는 이들이 있다. 그런 분들 중에 짝 찾기식 해석을 하는 사람이 많다. 하지만 하나님의 뜻을 제대로 찾으려고만 하면 어떤 학문적인 방법도 성경해석에 동원될 수 있다. 진품 다이아몬드는 누가 어떻게 감정해도 진짜로 드러나듯 성경 자체가 이미 온전한 진리이기 때문이다.

잔인한 하나님

구약의 하나님은 잔인하신 분인가

> 아이들 중에서 남자는 다 죽이고 남자와 동침하여 사내를 아는
> 여자도 다 죽이고 남자와 동침하지 아니하여 사내를 알지 못하
> 는 여자들은 다 너희를 위하여 살려 둘 것이니라. 민수기 31:17-18

1세기 말엽, 마르키온이라는 사람이 있었다. 그는 성경을 연구한 뒤
구약의 하나님은 신약의 하나님과 다르다는 결론을 내렸다. 구약의
하나님은 정의롭지만 잔인하므로 사랑의 하나님이 아니라는 것이
다. 결국 그는 구약을 성경으로 받아들이지 말아야 한다고 주장하다
가 이단으로 출교되었다. 하지만 그가 던진 주제는 지금도 계속되고
있다. 기독교 논쟁에는 '구약의 잔인한 하나님' 문제가 꼭 등장한다.

일례로 민수기에 이런 장면이 나온다. 모세는 미디안과 전쟁하면
서 이렇게 명한다 "아이들 중에서 남자는 다 죽이고 남자와 동침하
여 사내를 아는 여자도 다 죽이고 남자와 동침하지 아니하여 사내를
알지 못하는 여자들은 다 너희를 위하여 살려 둘 것이니라"(민 31:17-
18). 잔인하고 끔찍한 명령이다. 이런 식의 명령은 구약 곳곳에 등장
한다. 따라서 '구약의 하나님이 과연 사랑의 하나님이실까'라는 질

문은 일견 타당해 보인다.

믿지 않는 사람들도 이 부분을 자주 묻는다. 그러면 교회는 관련 본문들을 깊이 살펴 열심히 하나님을 변호한다. 그 내용은 나름 성실하고 일리 있는 것이 많다. 하지만 속이 뻥 뚫리는 답변은 찾기 힘들다. 아무리 해도 하나님의 잔인한 명령 자체는 사라지지 않기 때문이다. 이것을 해결하려면 좀 더 거시적인 차원에서 접근해야 한다. 관련 본문들에 대한 좋은 해석들은 많으므로 여기서는 자주 망각하는 성경의 대원칙을 살펴보도록 하겠다.

"구약의 잔인하신 하나님과 신약의 사랑의 하나님이 같은 분일까?" 이 질문은 사실 질문 자체에 선입견이 박혀 있다. 우리는 기독교가 사랑의 종교이고 하나님은 사랑의 하나님이라고 너무 쉽게 말한다. 심지어 그 사랑은 무한정의 아가페라고 목소리를 높인다. 그래서 오해가 퍼진 것이다. 하나님의 사랑은 그렇게 간단하지 않다. 흔히 생각하는 달달한 사랑과 전혀 다르다.

잘라서 말하면, 신약의 하나님도 구약의 하나님 못지않게 잔인하다. 예를 들어 보겠다. 예수님이 탄생하신 후 헤롯은 "베들레헴과 그 모든 지경 안에 있는 사내아이를 … 두 살부터 그 아래로" 모두 죽였다(마 2:16). 그런데 그 전에 천사가 요셉에게 나타나 "아기와 그의 어머니를 데리고 애굽으로 피하여 … 거기 있으라"(마 2:13)고 명했다.

문제는 이 애굽 도피를 "주께서 선지자를 통하여 말씀하신 바 애굽으로부터 내 아들을 불렀다 함을 이루려 하심이라"(마 2:15)고 밝힌 것이다. 이것은 예수님의 탄생 시나리오에 유아학살이 미리 계획되어 있었다는 뜻이 된다. 이에 대한 증거는 이어지는 예레미야의 예언에서도 확인된다(마 2:17-18). 도대체 하나님은 왜 이런 끔찍한 계획을 성탄 시즌에 세우신 걸까?

또한 십자가를 생각해 보라. 예수님을 십자가에 매단 분은 하나님이시다. 모든 것은 하나님의 계획이었고 아들은 거기에 순종하셨다. 그런데 왜 하필 십자가인가? 당시 수많은 처형 방법이 있었다. 그중 십자가 처형은 인류 역사에 존재했던 가장 잔인하고 무서운 처형법이다. 십자가에 달린 사람은 죽어 가는 일 초 일 초의 고통을 온몸으로 겪어야 한다. 쉽게 죽지도 않아서 보통 2-3일을 산 채로 매달려 있는데 호흡을 위해 끝없이 상하 운동을 해야 하므로 기절도 불가능하다. 그런데 왜 하나님은 굳이 이 끔찍한 방법으로 자기 아들을 죽게 하셨을까?

이처럼 신약의 하나님께도 잔인함이 발견된다. 사랑의 하나님이셔서 모든 것을 받아 주시고 모든 것을 용서하시고 모든 것을 넘치게 부어 주시는 분이라는 개념은 철없는 생각이다. 구약의 하나님도 신약의 하나님도 일관적인 잔인함을 보여 주신다. 따라서 교회의 허술한 복음교육을 재고해야 한다. 귀에 듣기 좋은 말이 아니라 성경에 충실한 복음을 가르쳐야 한다. 복음의 바탕에는 하나님의 진노와 잔인함이 깔려 있기 때문이다.

로마서에서 바울은 복음을 이렇게 설명하기 시작한다. "하나님의 진노가 불의로 진리를 막는 사람들의 모든 경건하지 않음과 불의에 대하여 하늘로부터 나타나나니"(롬 1:18). 곧이어 이 불의한 자들의 모습이 구체적으로 등장한다. '우상숭배자'(롬 1:22-23), '동성애자'(롬 1:26-28), 그리고 일반인도 못 피할 '스물한 가지 형태의 범죄자'(롬

1:28-31)들이다. 이윽고 1장 끝에는 이들의 운명이 선고된다. "이 같은 일을 행하는 자는 사형에 해당한다"고 하나님께서 정하신 것이다(롬 1:32). 이러한 전개는 죄인을 미워하고 죽이시겠다는 하나님의 냉혹하신 속성을 보여 준다.

그런데 바울은 세상 그 누구도 이 판결을 빠져나갈 수 없다고 말한다. 혹자는 2장에 나오는 '율법과 양심 구절'(롬 2:14)을 보면서 양심으로 구원받을 수 있다고 말한다. 이건 로마서를 완전히 잘못 읽은 것이다. 로마서는 양심으로도 율법으로도 인간은 절대 구원을 못받는다고 말한다. 그래서 이 전개는 이렇게 매듭지어진다. "유대인이나 헬라인이나 다 죄 아래에 있다고 우리가 이미 선언하였느니라. 기록된 바 의인은 없나니 하나도 없으며"(롬 3:9-10).

병아리의 암수를 파악하는 감별사라는 직업이 있다. 부화기에서 병아리가 깨어나면 감별사들은 암컷만 골라 살리고 수컷은 분쇄기로 보낸다. 그러면 약 30초 뒤에 수컷들은 온몸이 갈려 죽는다. 이것은 성경이 말하는 인간 운명의 축소판이다. 사람의 인생 100여 년은 컨베이어에 올려진 수평아리의 30초와 다를 바 없다. 모든 인간은 사형수로 태어나 처벌을 기다리는 중이다. 우리의 세상은 거대한 처형 대기소다. 이것이 성경이 말하는 인간의 실존이요 운명이다. 그래서 바울은 복음을 설명할 때 '하나님의 진노'를 제일 앞에 놓은 것이다.

하나님의 사랑과 구원은 반드시 이 바탕을 거쳐야 제대로 알 수 있다. 인간이 본래 예쁘고 아름다워서 사랑하신 것이 아니다. 공의의 하나님께는 불변의 법칙이 있다. '참고 선을 행하는 자에게는 영생을, 불의를 따르는 자에게는 진노와 분노를 내리신다'(롬 2:7-8). 한마디로 의인은 천국 가고 악인은 지옥 간다는 법칙이다. 이 법은 모든 인간의 무의식에 공통으로 내재되어 있다. 문제는 하나님 앞에 의인이 하나도 없다는 것이다. 모든 인간은 예외 없이 지옥행일 뿐이다. 이것이 법이고 정의다. 이를 행치 않으면 하나님은 불법하신 분이 되고 만다.

이처럼 구약이든 신약이든 하나님은 인간에게 잔인하고 두려운 분이시요 그것이 순리고 정상이다. 성경의 시작인 창세기부터 이것이 확인된다. 지구 나이 계산하라고 창세기를 주신 것이 아니다. 인간이 범죄하여 하나님의 진노 아래 놓인 존재가 되었음을 알려 주는 것이다. 이 사실을 빼고 전하는 하나님의 사랑과 구원은 모두 거짓된 복음이다. 모든 인간은 본래 하나님의 진노와 심판의 대상이다. 이것이 성경의 복음의 시작이다.

예수님도 동일한 말씀을 하셨다. 당시 어떤 갈릴리 사람들이 빌라도 총독에게 갑자기 처형당했고 또 실로암 망대가 무너져 열여덟 명이 사고로 죽었다(눅 13:1-5). 사람들은 죽은 자들에게 감춰진 죄가 있을 것이라고 수군거렸다. 하지만 예수님은 그들이 "다른 모든 사람보다 죄가 더 있는 줄 아느냐. 너희에게 이르노니 아니라. 너희도 만일 회개하지 아니하면 다 이와 같이 망하리라"(눅 13:4-5)고 단언하셨다. 이것은 예수님도 모든 인간을 진노로 망할 존재라고 여기신다는 증거다.

따라서 예수님은 우리가 던진 구약의 잔인한 구절에 대해서도 이렇게 대답하실 것이다. '이스라엘에게 죽은 미디안 아이들이 억울한 줄 아느냐? 아니다. 그들을 죽인 이스라엘도, 나아가 지금 이런 의문을 품고 있는 너희도 회개하지 않으면 다 이와 같이 망하리라.' 그런데 예수님의 말씀을 가만히 보면, 육체의 죽음과 회개 안 한 사람이 가는 지옥이 동일 선상에 있다. 이것도 당연하다. 모든 사람이 죄인이므로 육체가 죽는 것이 곧 지옥에 떨어지는 것이니까 말이다. 어차피 하나님께는 삶과 죽음의 경계가 없고 산 자나 죽은 자나 하나님 앞에는 그저 다 살아 있을 뿐이다(눅 20:38).

그래서 로마서는 "모든 사람이 죄를 범하였으매 하나님의 영광에 이르지 못"한다(롬 3:23)고 선언한다. 이것이 복음의 전제요 바탕이다. 우리는 사랑받기 위해 태어난 사람이 아니라 저주로 죽기 위해 태어난 존재들이다. 지금 이게 옳으냐 그르냐를 따지려는 것이 아니다. 성경이 그렇게 말하고 있다는 것이다. 정직한 눈으로 성경을 보면 하나님의 잔인성이 보여야 정상이다. 성경이 이를 감추지 않고 오히려 밝히 드러내기 때문이다.

하지만 한 걸음 더 들어가 보자. 이런 하나님의 모습을 잔인하다고 속단할 수 있을까? 잔인하다는 표현에는 양면성이 있다. 일본 사람들이 가끔 영화나 소설에서 자신들이 세계대전의 피해자인 것처럼 묘사할 때 우리는 분노한다. 전쟁의 주범이 그들이기 때문이다. 그로 인해 원폭 피해를 받았지만, 그렇다고 본질을 호도하면 비웃음거리일 뿐이다. 임진왜란도 마찬가지다. 이순신 장군은 잔인한 분노로 왜군을 무찔렀다. 그래서 일본은 장군을 도깨비나 악귀처럼 묘사했다. 하지만 우리에게 장군은 의로운 영웅이다. 심지어 일본인 중에도 그분의 의로움을 깨닫고 귀화해서 도운 자들이 있다.

이처럼 잔인하다는 표현은 주관적이다. 실제로 무엇 때문에 누구에게 잔인한지를 따져야 한다. 하나님을 거부하는 입장에서 보면, 나에게 심판을 휘두르고 지옥에 던지신다니 잔인한 분이다. 하지만 의로운 편에서 보면, 그것은 정의의 실현이다. 그러면 누군가는 질문을 할 것이다. 인간이 태어나자마자 죄인의 굴레를 쓰고 멸망할 운명을 가지는 것이 얼마나 불합리하느냐고 말이다. 옳은 말이다. 매우 불합리하다. 그래서 이 문제를 놓고 수많은 천재들이 고뇌하고 씨름해 왔다. 니체, 하이데거, 사르트르, 까뮈 등등 모두 이 부조리한 인생의 문제를 놓고 몸부림을 쳤다. 왜 인간은 갑자기 내던져져서 죽을 운명에 버둥거리다 끝내 죽어야 하는가?

수많은 문학작품이나 영화 등에서도 이 문제를 가지고 답을 찾으려고 애쓴다. 사실 이런 고민 없이 태평하게 사는 사람들이 이상한 것이다. 허무하고 유한한 인생에서, 내 곁의 모든 것과 반드시 아프게 결별하고 결국 나 자신마저 죽을 운명인데, 그저 하루의 즐길거리를 찾아다닌다면 들판의 짐승과 무엇이 다르랴.

하지만 아무리 똑똑한 자가 고뇌하고 머리를 굴려도 이 문제에는 답이 없다. 수많은 말들만 난무할 뿐 누구도 결론을 내려 준 적이 없다. 오죽하면 20세기 최고의 천재로 그의 생전 원고와 메모 쪽지까지 유네스코 세계문화유산에 등록된 비트겐슈타인의 가장 유명한 말이 "말할 수 없는 것에 대해서는 말하지 말라"였을까?

인류에게 인정받는 책들 중에 똑 부러진 해답을 제시하는 책은 오직 성경뿐이다. 성경만큼 모호하지 않고 명료하게 이 문제를 설명한 책은 없다. 인간의 실존과 삶의 모순을 고민하는 사람은 반드시 성경을 읽어야 한다. 단순히 성경이 옳아서 읽으라는 말이 아니다. 옳고 그름은 나중에 판단할 문제다. 어떤 답변이 제시되어 있기 때문에 읽어 봐야 한다는 말이다. 그렇게 성경을 펴면 우리는 잔인하신 하나님을 보게 된다. 이유는 우리의 죄 때문이다. 죄인은 모두 그분의 진노와 멸망 앞에 서야만 한다. 인간의 슬픔은 여기서 출발한 것이다. 성경의 한 구절을 읽어 보자.

> 모든 육체는 풀과 같고 그 모든 영광은 풀의 꽃과 같으니 풀은 마르고 꽃은 떨어지되 오직 주의 말씀은 **세세토록** 있도다 하였으니 너희에게 전한 복음이 곧 이 말씀이니라(벧전 1:24-25).

여기 인간의 실체가 적나라하게 그려진다. 모든 인간은 풀이다. 그중에 비범한 풀도 있어 뭔가 업적도 남긴다. 하지만 그건 풀의 꽃일 뿐이다. 풀은 마르고 꽃은 떨어지는 법. 수천 년 전 영생을 꿈꾸며 황금 보석을 달고 피라미드에 들어간 미라도 지금은 박물관의 구경거리일 뿐이다. 모든 인간의 운명은 멸망이다. 그래서 베드로는 또 다른 서신에서 "이 사람들은 본래 잡혀 죽기 위하여 난 이성 없는 짐승"(벧후 2:12)이라는 표현을 쓴다. 부화된 수평아리처럼 가련한 죄인의 운명은 로마서와 정확히 일치한다.

하지만 이 선언을 통과하면 세상에 존재할 수 없는 한 개념이 드러난다. 바로 "세세토록"이다. 원문대로 번역하면 '영원 속에 머문다'이다. 풀과 같이 말라 버릴 인생에게 영원으로 들어갈 길이 주어졌다. 그것이 바로 '주의 말씀'이다. 허무한 인생에서 주님의 진리를 믿고 받아들이면 영생을 얻는다. 이것이 기쁜 소식, 즉 복음이다. 그래서 베드로는 "너희에게 전한 복음이 곧 이 말씀이니라"로 1장 말씀을 매듭지었다.

이 구원이 주어진 것은 하나님이 인생들을 불쌍히 여기셨기 때문이다. 하나님의 사랑은 이 '불쌍히 여기심'에서 출발한다. 바울은 이 사랑을 '하나님의 자비하심'(롬 12:1)이라고 표현했다. "자비"라는 말은 헬라어로 '오이크티르모스'인데, 가련히 여기는 마음 곧 '측은지심'을 의미한다. 하나님은 멸망할 죄인들을 보시고 가슴 아프셔서 자기 아들을 인간으로 보내어 십자가에서 죄 값을 대신 치르게 하셨다. 그렇게 돌아가신 예수님은 다시 부활하셔서 영원으로 들어가는 길이 열렸음을 증명하셨다.

그러므로 온 인류는 지금 거룩한 촉구 앞에 섰다. 죄와 멸망의 바다에 떠오른 이 하나님의 사랑을 받을지 말지 결정하라는 촉구다. 의심하고 버티다가 그대로 망할지 감사함으로 그 사랑에 의지할지 선택의 기로가 열렸다. 로마서는 이렇게 말한다.

> 네가 만일 네 입으로 예수를 주로 시인하며 또 하나님께서 그를 죽은 자 가운데서 살리신 것을 네 마음에 믿으면 구원을 받으리라(롬 10:9).

바울은 "네가 만일"이라고 운을 뗀다. 조건부다. 너는 스스로 선택할 수 있다는 말이다. 만일 하나님이 잔인한 분이라 마음에 안 든다고 해서 우리가 안 받아들이면 그분과의 관계는 여전히 사형수와 집행자의 관계에 머문다. 하지만 내 실존의 참담함을 알고 이 길만이 유일한 구원임을 믿는 자는 건짐을 받고 영생으로 들어갈 것이다. 모든 것은 나의 선택이요 결과 또한 선택대로 주어지게 된다.

사실 이 모두는 마음에 들고 이해가 되어서 움직일 차원이 아니다. 물에 빠져 죽는 자에게 던져진 구조의 밧줄이다. 그 밧줄의 강도나 던져 준 사람에 대한 연구는 무의미하다. 할 수 있는 일은 일단 붙잡는 것이다. 그래서 구원의 조건은 믿음이다. 믿을 것이 그것뿐인 상황에서 안 믿는 것은 어리석다. 혹시 실패해도 시도할 가치는 충분하다. 혹자는 그러면 도박 아니냐고 할지 모른다. 맞다. 믿음은 일종의 도박이다. 하지만 믿지 않는 것도 역시 도박이다. 제시된 구원의 선물을 받으라는데 허무한 운명에 계속 머물겠다는 것은 정말 위험한 베팅이다.

이처럼 하나님의 진노와 그 "진노하심에서 구원을 받을 것"(롬 5:9)을 전파하는 것이 교회의 진짜 사명이다. 하지만 언제부터인가 교회는 진실을 왜곡했다. 인간의 가련한 실존에 가슴 아프셔서 사랑과 정의 사이에서 갈등하다가 결국 자기 아들을 죽이신 하나님의 처절한 고군분투를 가벼운 하이틴 로맨스로 만들어 버렸다. 이래도 사랑하고 저래도 사랑하고 뭐든지 다 용서하시고 원하는 것은 모두 다 주신다고 떠벌렸다. 손님이 떨어질까 봐 그랬을까? 오히려 이 때문에 지금 역풍을 맞고 있다. 우리가 뿌린 그릇된 복음 때문에 세상은 하나님을 더 의심하고 심지어 비난하며 믿음의 길에서 멀어지는 중이다.

믿는다는 우리도 마찬가지다. 복음의 본질을 모르기에 받은 은혜를 망각하고 예배 때면 빚 받으러 온 사람처럼 젯밥에 더 관심을 가진다. 믿기 전의 처참한 운명을 제대로 인식하지 못하고 출발했기 때문이다. 그래서 뭔가 좀 했다 싶으면 자기 의가 앞선다. 하지만 자신의 죄가 얼마나 두려운 것인지 알고 출발한 성도는 그렇지 않다. 진실하게 감사하고 진실하게 섬긴다. 세리와 창기 앞에 선 바리새인이 아니라, 나 역시 세리와 창기의 동류임을 알기 때문이다.

이제는 교회가 진실한 복음을 전해야 한다. 하나님은 잔인하신 분인가? 죄인에게 잔인하신 분이다. 그럼에도 자기 아들을 죽이시기까지 하시어 구원의 길을 여셨다. 양날의 검 같은 그 사랑을 우리는 날마다 각인해야 한다.

너는 나를 도장같이 마음에 품고 도장같이 팔에 두라. 사랑은 죽음 같이 강하고 질투는 스올같이 잔인하며 불길같이 일어나니 그 기세가 여호와의 불과 같으니라(아 8:6).

그건 그런 뜻이 아니에요

초판 1쇄 펴낸날 2024년 4월 19일

지은이 오경준
펴낸이 박종태

책임편집 이현주 옥명호
디자인 스튜디오 아홉
제작처 예림인쇄 예림바인딩

펴낸곳 비전북
출판등록 2011년 2월 22일 (제 2022-000002호)
주소 10849 경기도 파주시 월롱산로 64 1층(야동동)
전화 031-907-3927 | **팩스** 031-905-3927
이메일 visionbooks@hanmail.net
페이스북 @visionbooks **인스타그램** vision_books_

마케팅 강한덕 박상진 박다혜 전윤경
관리 정광석 박현석 김신근 정영도 조용희 이용주
경영지원 김태영 최영주

공급처 (주)비전북
    T.031-907-3927 F.031-905-3927

ⓒ 오경준, 2024

ISBN 979-11-86387-58-0 03230